喬治・克拉森 之
巴比倫最富有的人

跨時代財務管理！
黃金法則助你穩步前行
讓財富不再遙不可及

喬治・山繆・克拉森（George Samuel Clason）著
伊莉莎 編譯

The Richest Man in Babylon

【自律 × 遠見 × 謹慎】

讓錢為你工作、控制開支、確保未來收入⋯⋯
以古巴比倫寓言故事呈現財務管理的基本原則
淺顯易懂且富有啟發性，歷久不衰的理財經典

目 錄

前言		005
第一章	渴求財富之人	009
第二章	巴比倫最富裕的人	019
第三章	擺脫貧困的七個祕訣	037
第四章	幸運女神降臨	063
第五章	獲得黃金的五條法則	083
第六章	巴比倫的放貸者	101
第七章	巴比倫的城牆	121
第八章	巴比倫的駱駝商人	127
第九章	來自巴比倫的泥板	143
第十章	巴比倫的幸運之人	157
第十一章	巴比倫歷史概覽	183

目錄

前言

前言

國家能夠繁榮昌盛，仰賴於全體國民的財富累積。

本書要講述的是個人如何在理財上獲得成功，成功意味著我們的能力與努力得到了應有的回報，充分準備是成功的關鍵。行動未必比思考更明智，思考也不一定比理解更高明。

本書所揭示的內容，對於手頭拮据者來說無疑是一部「理財指南」。實際上，這正是其目的所在：為志在財富成功的人士提供金錢方面的洞見，幫助他們獲得、保有並進一步增值財富。

在本書隨後的章節中，我們將踏上一段回溯古巴比倫的旅程。那裡是現代金融基本原則的發源地，而這些原則如今已在全球廣泛應用和認可。

對於新讀者，我欣然期待拓展他們的願望，本書的內容將為他們提供增加銀行存款、獲得更大成功及解決個人財務問題的啟示。這些都是讀者們迫切希望解決的難題。

對於那些慷慨地將這些故事推薦給眾多友人、親戚、員工和生意夥伴的商務主管們，我想藉此機會向你們致以感謝之意。這些實踐者對書中觀念的讚賞，是對我最大的認可和褒獎，因為他們正是憑藉這些原則逐步取得重大成就的。

巴比倫之所以能成為古代世界最富有的城市，是因為其

公民也是當時最富有的人。他們深刻理解金錢的價值,也透過實行明智的理財原則來獲取財富、保持財富,並利用財富創造更多財富。他們為自己提供了內心最渴望的 —— 為未來儲備財富。

喬治・S・克拉森

前言

第一章　渴求財富之人

第一章　渴求財富之人

「為何我們不能像那些富人一樣，享受我們應得的美好事物呢？」

巴比倫的戰車工匠班希爾感到極度沮喪。他坐在自家矮牆上，憂傷地望著那貧困的家，還有院子裡那個露天作坊，作坊裡擺著一輛尚未完工的戰車。

班希爾的妻子在門外徘徊，不時地向他投去一瞥。這使他想起家中的糧袋已幾近見底，也許此刻應該趕快繼續他的工作，敲敲打打，削鑿車身，拋光、上色每一個零件，繃緊車輪上的皮革車帶，完成戰車的製作，準備交貨，以便盡快從富裕的買主手中拿到貨款。

雖然心中這麼想，班希爾那肥胖而強壯的身體仍然麻木地坐在矮牆上。他那遲鈍的腦袋正拚命思索著一個他無法找到答案的問題。幼發拉底河谷中常見的炙熱陽光無情地照射著，班希爾頭上的大汗珠順著眉毛滑落，不知不覺滴在他毛茸茸的胸膛上。

在距離班希爾家較遠處，國王宮殿的高大圍牆巍然聳立。稍近一些，在湛藍天空的映襯下，貝爾神廟的金碧輝煌塔樓顯得格外醒目。班希爾簡陋貧困的居所正好位於這些宏偉建築的影子裡。在這片陰影中，還散落著其他一些貧民的住處，有些甚至比他的家還要破敗。這就是巴比倫：在城牆內，富麗堂皇與骯髒汙穢並存，腰纏萬貫與窮困潦倒同生，

他們就這樣毫無章法地擠在同一個城邦中。

班希爾轉頭一瞥，發現身後富人的馬車喧鬧地穿過街道，旁邊擠滿了穿草鞋的商販與赤腳的乞丐。此時，一大隊運水的奴隸經過，即便是富人們，也不得不鑽進貧民區，讓出道路。隊伍裡的每個奴隸都背著一羊皮袋的水，前去灌溉空中花園，為國王的事業辛苦地勞作。

班希爾心事重重，專注於自己的困擾，對周遭的混亂和喧鬧並未過多在意。忽地，一陣熟悉的里拉琴聲將他從沉思中驚醒，他回頭看見了一張親切的笑臉，那是他的好友——音樂家科比。

「願神靈慷慨賜福於你，我親愛的朋友。」科比斟酌著字句，向班希爾熱情致意，「但是，看起來諸神好像已經十分慷慨地將福祉恩賜給你了，使你不再經受勞作之苦。我為你的幸運而感到歡欣，並與你一起分享這快樂。我願你錢袋鼓脹，生意興旺。在今晚貴族宴會結束前，能否借我兩個錫克爾？我保證會歸還，你不用擔心錢財會一去不返。」

班希爾愁容滿面地告訴科比：「假如我真的擁有兩個錫克爾，我也不會借給任何人。即使是你，我最親密的朋友。因為這是我的資產，是我所有的財產。沒有人會把自己所有的財產借給別人，即便是他最好的朋友。」

「什麼？」科比驚訝地大叫，「你口袋裡一個錫克爾都沒

第一章　渴求財富之人

有，竟然還呆坐在牆上？為什麼不趕快完成那輛戰車？你還有什麼能滿足你那高貴的欲望？這一點也不像你，你那無窮的力量去哪裡了？是有什麼事情讓你痛苦嗎？還是上天給你帶來了煩惱？」

「這必定是上天對我施加的懲罰。」班希爾認同了朋友的說法。「這一切源自一場夢，一個毫無意義的夢。在夢中，我成為一個富翁，腰間的皮帶上掛著一個精美的錢袋，裡面塞滿了硬幣。我慷慨地將錫克爾施捨給乞丐，給我的妻子買華麗的衣裳，還為我自己購買了一切渴望的物品。大量的金子讓我對未來充滿信心，我無憂無慮地揮霍著這些財富。我的內心充滿了滿足感！我不再是你所認識的那個拚命工作的朋友。你也肯定認不出我的妻子了，她臉上的皺紋都舒展開來，整個人洋溢著幸福，她又變回了我們剛結婚時那個有著迷人笑容的少女。」

「這真是一個令人愉快的夢境啊！」科比說道，「但這樣美好的夢為何反而讓你像個雕像般，呆呆地坐在牆頭，神色沮喪呢？」

「是啊，這究竟是為什麼呢？當我醒來時，才意識到我的錢袋其實是空的。我感到非常不甘心。讓我們一起討論這件事吧，就像水手們所說的一樣，我們現在同在一條船上。小時候，我們一起去祭司那裡學習知識；少年時期，我們分享

彼此的快樂；成年後，我們一直是親密夥伴。我們滿足於自己的天性，也滿足於長時間的工作和自由支配我們的收入。這些年來，我們賺了不少錢，但要真正體會擁有財富的快樂，呸，那也只是做夢罷了！難道我們只是沉默的羔羊嗎？我們生活在世界上最富裕的城市裡，旅人們都說沒有哪裡比得上我們的巴比倫。這個城市遍地財富，但我們卻一無所有。而你，我最親愛的朋友，勞碌半生後，卻拿著空空的錢袋來問我，『今晚貴族宴會結束前，能否借我兩個錫克爾？』這叫我怎麼回答？我能說『這是我的錢袋，我很樂意跟你分享』？不，我得承認我的錢袋跟你的一樣空空如也。為什麼我們不能賺到更多的錢，而僅僅只能滿足溫飽？」

「再考慮一下我們的孩子吧。」班希爾接著說，「他們難道不會重蹈父輩們的覆轍嗎？他們和他們的家人，他們的兒子和兒子的家人，難道也得像我們一樣，生活在遍地金銀的城市裡，卻只能滿足於每天喝著發酸的羊奶和稀粥？」

「班希爾，在我們過去相識的這些日子裡，我從未聽你說過這樣的話。」科比聽完班希爾的話後，心中充滿了疑惑。

「這是因為那些年裡我從未考慮過這些問題。從清晨到黃昏，我專注於製造出比其他所有工匠更優秀的戰車，虔誠地期盼著有一天神靈能夠看到我的辛勤勞動，並賜予我豐厚的財富。但神明們從未如此。我終於明白，他們永遠都不會這

第一章　渴求財富之人

麼做。因此，我心中充滿了哀傷。我渴望成為富人，渴望擁有土地和牲畜，擁有華麗的衣服和裝滿錢幣的錢袋。我願意為此竭盡全力，運用我所有的技能和聰明才智，我也深深希望我的勞動能得到應有的回報。這究竟是為什麼？我再問你一次！為什麼我們不能像那些富人一樣享受我們應得的美好事物呢？」

「但願我知道答案！」科比回應道，「在這方面，我的情況並不比你好多少。我靠彈琴賺來的錢很快就用完了，經常需要精打細算以確保家人不挨餓。同樣，我也渴望擁有一把足夠大的里拉琴，能夠演奏出華麗的樂章，盡情抒發我內心的情感。若是有那樣的樂器，我怎會擔心無法彈出連國王都未曾聽過的美妙樂曲呢？」

「你理應擁有那把琴，整個巴比倫，無人能如你般演奏出如此悅耳的旋律。不僅國王，甚至諸神聽聞也定會心生喜愛。然而，我們如今貧困如同國王的奴隸，究竟該如何實現這個願望呢？聽，那鈴聲！他們來了。」班希爾指向一隊赤裸上身、汗流浹背的搬運工。他們每人背負著裝滿水的羊皮袋，拖著沉重的步伐，五人一排，自河邊沿著狹窄的街道行走。

科比指著那個在隊伍前方搖著鈴但沒有背水的人，說：

「走在最前面的那位儀表不凡,顯然,他必定是他的城邦中的菁英。」

「奴隸隊伍裡有不少性格溫和、相貌堂堂的人,」班希爾深表贊同,「他們跟我們一樣好。有高大白皙的北方人,笑容可掬的南方黑人,還有棕色皮膚的小個子鄰國人。可是他們所有人都背著水從河邊走向空中花園,來來回回,日復一日,年復一年,沒有一點快樂的期盼。睡的是稻草鋪蓋,吃的是糙米稀粥。科比,他們簡直就是可憐的牲口!」

「我深感同情,他們確實十分可憐!然而,你讓我覺得我們的處境也並未好到哪裡去,唯一的區別在於我們還能自稱為自由人。」

「那確實是真話,科比,儘管這並非什麼特別令人愉快的事。我們不願意年復一年過著如同奴隸般的生活。工作,除了工作,還是工作!這樣是不行的,這讓人看不到任何出路與希望。」

科比建議:「我們為何不向他人學習如何致富,並依循他們的方法行事呢?」

「也許真有一些致富的祕訣?我們應該向那些了解其中奧祕的人請教。」聽到朋友的建議,班希爾陷入了沉思。

科比突然想起了一件事,對班希爾說:「說到這個,今天

第一章　渴求財富之人

我遇見了一位老朋友，阿爾卡德。他駕駛著他的金色馬車經過。我必須說，他不像其他與他同樣身分的人那樣，對我這種小人物不屑一顧。相反，他向我揮手致意，路邊的行人都看到他露出熱情友善的笑容，向音樂家科比打招呼。」

「眾人一致認為阿爾卡德是巴比倫最富裕的居民。」班希爾沉吟片刻。

「他富可敵國，據說連國王也得求助於他來填補國庫。」科比進一步佐證了班希爾的說法。

「這麼富有！」班希爾插話道，「假如我在夜晚遇見他，恐怕我會忍不住偷走他那滿滿的錢袋。」

「簡直愚蠢！」科比責備班希爾，「一個人的財富並不在他攜帶的錢袋裡。如果沒有持續的金錢流入，那鼓鼓的錢袋很快就會變空。不管他怎麼揮霍，阿爾卡德總有辦法讓他的錢袋時刻保持滿溢。」

「收入！這是關鍵！」班希爾脫口而出，「不論我是在牆頭發呆還是四處旅行，我都希望有一筆收入能持續不斷地進入我的錢袋。阿爾卡德必定知道如何創造收入，可是像我們這麼遲鈍的人，他能讓我們明白是怎麼回事嗎？」

「我相信他肯定已經將所有的心得傾囊相授給了他的兒子諾馬瑟，」科比回應道，「諾馬瑟不是去了尼尼微嗎？據坊間

傳聞，他未曾依靠父親的資助，便已成為尼尼微最富有的人之一。」

「科比，你真是讓我豁然開朗。」班希爾眼中閃過一絲靈光，「向一位好朋友尋求忠告並不需要花費任何代價，而阿爾卡德一直樂於指點。無需擔心我們的錢包曾經像鷹巢一樣空空如也，我們已經厭倦了貧困的生活，我們渴望成為富有的人，別再猶豫，來吧，我們一起去找阿爾卡德，請教他如何獲得源源不斷的收入。」

「你的話真是鼓舞人心！班希爾，你讓我有了新的感悟，你讓我意識到了為什麼我們一直無法找到致富之道。因為我們從未嘗試過探索如何獲得財富！你耐心且勤奮地製作著全巴比倫最堅固的戰車，為此你傾盡所有，付出了極大的努力，因此你獲得了成功。我努力地想成為一個技藝高超的琴師，並且也獲得了成功。」

「我們朝著理想的方向竭盡全力，並最終取得了成功。諸神定會感到滿意，並將繼續引領我們在這條成功之路上前行。如今，我們終於看見了一道光芒，這光芒如同太陽般耀眼。它指引我們學習如何獲取更多的財富。憑藉這種全新的理解，我們定能找到實現願望的有效方法。」

「今天就去拜訪阿爾卡德吧！」班希爾按捺不住心中的興

奮,「也邀請那些和我們境況相仿的童年好友,這樣他們也能受益於阿爾卡德的智慧。」

科比不禁讚美道:「班希爾,你總是如此關心你的朋友們,這就是為什麼你有這麼多的朋友。就依你所言,我們今天就去,帶上你的朋友!」

第二章　巴比倫最富裕的人

第二章　巴比倫最富裕的人

「財富如同一棵樹木，從一顆種子開始萌芽。你越早播下這顆種子，財富之樹便越早開始成長。持續不斷地儲蓄，虔誠地澆水施肥，便能更快地享受它的庇蔭。」

在古巴比倫，有一位極其富有的人，名叫阿爾卡德。世人皆知他擁有龐大的財富，他以慷慨行善而聞名。阿爾卡德的善行廣為人知，他對家人亦是傾其所有，從不吝惜在自己身上的花費。即便有如此巨大的開銷，他的財富仍在增長，每年的收入遠遠超過他的支出。

阿爾卡德年輕時的朋友們前來尋找他，對他說道：「阿爾卡德啊，你比我們幸運太多了！當我們仍在為生存而艱苦奮鬥時，你已經成為了整個巴比倫最富有的人。你穿著最華麗昂貴的衣服，品嚐著世界上最珍饈佳餚，而我們卻為了讓家人有件體面的衣服穿、能有口像樣的食物吃而竭盡全力。」

「然而，我們曾經站在同一起跑線上。我們在同一位老師的指導下學習，參與相同的遊戲。在學習和遊戲中，你當時並不比我們更出色。那段日子裡，你和我們一樣，只是一個普通人。」

「在我們眼中，你在工作上並不比我們更為勤奮和努力。為何，為何無常的命運偏偏選中你來享受這美好的生活，而只給我們這不公平的待遇？」

阿爾卡德立即反駁，忠告他的朋友們：「若你們多年來

的勞動僅能維持生計,那是因為你們尚未掌握真正的致富之道,或者說,你們並未深入研究如何累積財富。」

「『無常的命運』這位邪惡的女神,從不讓好運長久陪伴任何人。相反,她總是嘲弄那些試圖不勞而獲的人,給予他們毀滅性的打擊。她塑造出一批揮霍無度的敗家子,讓他們迅速耗盡辛苦賺來的財富,隨後被無法遏制的貪婪所折磨,欲望永無止境。她也讓那些曾經受她眷顧的人變成吝嗇鬼和守財奴,他們悄悄地隱藏家產,捨不得花費一分一毫,因為他們深知自己不配擁有這些財富,也無力守護,擔心強盜會來洗劫一空,深陷無盡的恐懼中,虛度光陰。」

「有些人輕而易舉地獲得了大量財富,並利用這些資金進一步增值,使得財富不斷累積。他們生活幸福,心滿意足。然而,這樣的人屈指可數,我也僅僅聽說過他們的存在,從未親眼見過。想一想那些突然繼承了巨額遺產的人,看看他們的經歷是否印證了我的說法?」

阿爾卡德的朋友們確實聽聞過一些因繼承遺產而致富的人,這些人的情況與他所述相符,他們承認阿爾卡德的話是正確的。他們懇求阿爾卡德傳授生財之道,詢問如何才能如同他一樣擁有這麼多的財富。於是阿爾卡德繼續說道:

「年輕時,我曾自省,發現美好的事物總能帶給人愉悅與滿足,而財富則賦予我更大的能力去擁有這些美好。

第二章　巴比倫最富裕的人

　　財富是一種力量。擁有財富,許多事情便有了發生和實現的可能。

　　可以購置各類優質傢俱來點綴家居。

　　可以揚帆出海,探索遙遠而未知的領土。

　　可用遠方國度的美食招待賓客。

　　可從金匠和寶石匠處購得精美的飾品。

　　甚至能夠為眾神打造氣勢磅礡的殿堂。

　　凡此種種,以及其他所有能夠使感官愉悅、精神滿足的事物,都可能因財富而成為現實。」

　　「在意識到這一點後,我決心擁有這世上所有的美好。我不願成為那個站在一旁觀望、對他人幸福生活心生嫉妒的人,也不願穿著廉價衣物假裝體面。我不甘於貧窮,我要成為人生盛宴上尊貴的賓客。」

　　「如諸位所知,身為一名小商人之子,在那個龐大家族中,我無甚遺產可繼承。也如諸位所言,我未曾獲賜非凡之力與智慧。我只明白,若要實現心中所願,時間與學習皆不可或缺。」

　　「談及時間,每個人都擁有大量的充裕時間。然而,你們每個人都讓它悄然流逝,而不將其用來創造財富。除了一個相對幸福的家庭之外,你們幾乎一無所有。」

「再談學習。難道古人沒有教導過我們嗎？學習可分為兩類，一類是直接教授你未知的知識，另一類則是傳授你一種方法，使你能透過這種方法掌握尚未掌握的內容。」

「因此我決心學習如何累積財富，以便找到賺錢的良策。一旦找到這種方法，我便將其視為每日必修課，並努力做到極致。當我們處於光明之中，就應該享受這種舒適；而當陷入黑暗，悲傷籠罩時，我們應該勇敢面對。這難道不是明智的選擇嗎？」

「我在檔案館找到了一份抄寫員的工作。每天長時間勞作，勤奮地在泥板上刻寫文字，日復一日，月復一月。我努力工作，卻僅獲得微薄的報酬，食物、衣物、祭神的供品，還有其他瑣事，耗盡了所有收入。然而，我的信念從未動搖。」

「有一天，放債人奧加米什向城邦長官訂購了一份第九法令的副本，他告訴我：『我需要在兩天內拿到這份副本，如果你能按時完成，我將支付你兩個銅幣。』」

「於是我更加賣力地工作，將法令一字一句地刻在泥板上。然而，這條法令實在過於冗長，以至於當奧加米什按照約定時間來取他訂製的抄本時，我仍未能如期完成。奧加米什非常惱火，如果我是他的奴隸，我想我肯定會被他狠狠教訓一頓。然而，我知道長官絕不會允許他這樣對待我，所以

第二章　巴比倫最富裕的人

我並不畏懼。於是我對他說：『奧加米什，你是個富有的人，能否告訴我如何才能變得像你一樣富有？作為交換，我將通宵達旦地刻你的泥板，保證在明早太陽升起時完成。』」

「奧加米什微笑著回答我道：『你的確很有進取心，不過得等你先刻完這些泥板。』」

「於是我徹夜未眠地雕刻這些泥板，即使腰痠背痛。燈芯燃燒的刺鼻氣味讓我頭痛欲裂，最終我幾乎看不清任何東西，但我依然堅持下去。當他再次回來時，所有的泥板都已刻好並擺在他面前。」

「『如今你可以履行你的諾言了。』我對他說。」

「『你出色地完成了你的任務，孩子。』奧加米什和藹地對我說，『我自然會履行我的承諾，我會把你想知道的一切告訴你，因為我在逐漸老去，而老人最愛長篇大論。年輕人向老者請教他們多年來累積的經驗和智慧，但有些人卻常常認為老人們所傳授的只是些過時的經驗，對當今毫無用處。然而，記住，今天照耀著你、給你帶來溫暖的陽光，依然是昔日你父親出生時的那一個；而當你的最後一個孫子離開人世的時候，這個曾經照耀過你父親和你的太陽仍會高掛天空，將它的光芒灑向大地。』」

「『年輕人的思維如同瞬間掠過夜空的流星，短暫而耀眼；而老人的智慧則如恆久閃爍的恆星，為航海者指引前行

的道路。』奧加米什繼續說著。」

「『務必謹記我的話，否則你將無法領悟其真諦，屆時你會感到今晚的努力全部徒勞無功。』」

「他以粗濃眉毛下的銳利目光凝視著我，低聲卻充滿力量地告訴我：『當我決定將部分收入存起來時，我發現自己找到了致富的方法。你也可以這麼做。』」

「隨後他瞥了我一眼，那眼神幾乎洞穿了我的靈魂，但他沒有再說話。」

「『就這些？』我對他的話感到困惑，不禁進一步詢問。」

「『這足以使一名牧羊人變成放債人。』他答道。」

「『所有的收入都應該存起來，是嗎？』我再度詢問。」

「『當然不是！』奧加米什回應，『難道你不購買衣物？你在鞋匠那裡買鞋子，不需要支付鞋款嗎？你不需要購買食物來填飽肚子嗎？在巴比倫生活，你難道沒有任何開支？你過去賺的錢都花到哪裡去了？愚蠢！你一直在支付給所有人，唯獨沒有支付給自己！笨蛋，你一直在為他人工作！就像一個奴隸，每天為了主人的一點施捨而勞作。試想一下，如果你每年能存下收入的十分之一，十年後你會擁有多少？』」

「我的算術能力依然存在，於是回覆道：『我能存到相當

第二章　巴比倫最富裕的人

於我一年收入的數額。』」

「『你只說對了一半。』奧加米什搖了搖頭，『你存下的每一個金幣都能為你效勞，它們就像是你的僕役。金幣生銅幣，銅幣又繼續為你效勞，幫你賺取更多的財富。如果你想成為富翁，那麼存下來的錢必須替你賺錢，而賺到的錢也要再投資，這樣你才會實現自己的願望，擁有無盡的財富。』」

「『你一定認為我在欺騙你，覺得這一夜的辛勞全都徒勞無功。』他繼續說，『但若你有足夠的智慧能洞悉我這些話的真諦，那你所獲得的回報將是千倍的。』」

「『你只需儲存收入的一部分。在確保自己基本開銷的前提下，即便收入再少，也應至少存下十分之一。事實上，你完全可以存更多。剩餘的錢應該量入為出，不要過度花費在衣物上，同時也要預留足夠的資金用於購買食物、布施和供奉諸神。』」

「『財富如同一棵樹，源自一顆種子的萌發。你存下的第一枚銅幣便是那顆種子，它可以成長為一棵參天的財富之樹。你越早播下這顆種子，財富之樹便越早開始生長。持續地儲蓄，虔誠地澆水施肥，將使你更快地享受到這棵財富之樹的庇蔭。』」

「說完這些話後，奧加米什便攜著他的泥板離開了。」

「我反覆琢磨著奧加米什對我說的那些話，發現其中確實有其道理。於是，我決定付諸實踐。每次獲得報酬時，我都將其中十分之一的銅幣存起來。奇怪的是，這絲毫不影響我的日常開銷，我完全沒有感覺到錢變得不夠用，甚至與以前不存錢的時候並無二致。然而，隨著積蓄逐漸增多，我也會忍不住想去購買那些用駱駝和船從腓尼基運來的精美物品。但最終，我克制住了這股衝動。」

「一年後，奧加米什來找我，他問道：『孩子，這一年來，你是否存下了至少你收入的十分之一？』」

「我自豪地回應：『沒錯，前輩，我成功了。』」

「『很好。』他微笑著注視我，『那麼這些錢你用來做了什麼？』」

「『我將那些物品託付給了磚匠阿茲莫，他告訴我他經常航行於大海，他會在提爾港為我購買一些來自腓尼基的優質寶石，等他歸來時，我們便以高價售出那些寶石，並將所得的利潤平分。』」

「『愚者總會遭受挫折！』奧加米什憤怒地對我吼道，『你為何會相信一個磚匠能對寶石有研究？你會去向麵包師請教星辰的奧祕嗎？當然不會！如果你稍微有點頭腦，就應該知道這需要詢問占星師。你的積蓄全打水漂了，年輕人。重新

第二章　巴比倫最富裕的人

開始吧,再試一次。下次再想投資寶石,就去問珠寶商人吧。記住,想了解綿羊,你就得去找牧羊人。建議和忠告通常都很容易得到,但你必須分辨哪些值得吸取和借鑑,哪些毫無用處甚至是錯誤的。向一個毫無理財經驗的人學習理財知識,必定會一敗塗地,血本無歸,最終證明你從他那裡所學到的都是錯的。』說完這些,奧加米什又一次離開了。」

「後來的情況不幸被他預言中。正如他所言,詭詐的腓尼基人將一些外表閃耀但實際毫無價值的小玻璃塊賣給了阿茲莫。然而,我聽取了奧加米什的建議,從頭開始。每月我都將收入的十分之一存起來,逐漸養成這個習慣,儲蓄對我來說也變得輕而易舉。」

「一年後,奧加米什再次來到我工作的地方探望我,並詢問道:『自從上次見面後,你的事業發展得如何?』」

「『依照您的指示,我辛勤工作賺錢,同時也努力儲蓄,並將積蓄委託給製盾人阿加爾購買青銅,每四個月他會支付我一筆利息作為回報。』」

「『還可以。他給你的那些利息你又拿去做了些什麼?』」

「『我購置了蜂蜜和美酒,還有香甜的蛋糕,舉辦了一場盛大的宴會。除了給自己買了一件紅色的袍子,我還計劃去

買一頭健壯的驢子來騎。』」

「奧加米什發出一陣嘲弄的笑聲：『你把所有賺來的錢都花在吃喝上，請問你還指望它們能帶來什麼回報？它們怎麼會再生錢呢？首先你必須擁有大量的財富，才能無憾地享受奢華的生活。』他說完這些話，便轉身離開。」

「在接下來的兩年裡，我再也沒有遇見他。當他再次出現在我眼前時，我看到他滿臉皺紋，目光黯淡，已經顯得非常衰老。他問我：『阿爾卡德，你實現了你的財富夢想嗎？』」

「我回應道：『尚未完全獲得，但我已擁有部分，並且持續賺錢，再將所得投入以賺取更多。』」

「『你還會去請教磚匠嗎？』」

「『他們僅能在磚料製作上提供我優質建議。』我坦率地回應道。」

「奧加米什點點頭，繼續對我說道：『阿爾卡德，你已經充分掌握了我所教授的內容。首先，你學會了如何用更少的收入來滿足自己和家人的生活需求；接著，你懂得向專業人士尋求建議；最後，你還學會了讓錢為你工作，幫你賺取更多財富。』」

「『你已經掌握了賺錢的技巧，也懂得如何保有這些資產，並利用它們為你創造更多財富。因此，你具備了承擔重

第二章　巴比倫最富裕的人

任的能力。我年事已高，而我的兒子們只會揮霍無度，完全不考慮如何賺錢。我的家業過於龐大，我擔心自己無法再有精力守護它。如果你願意前往尼普爾幫我打理那裡的產業，我將把你的名字列入我的合夥人名單，並讓你分享我的部分財產。』」

「因此，我來到尼普爾，接手了他在當地的龐大事業。由於我志向遠大，且精通財富管理的三大法則，很快就讓他的事業蓬勃發展。我在這個過程中也變得富裕起來。奧加米什去世後，我依法繼承了他的一部分財產。」

阿爾卡德述說完他的經歷後，一位友人感嘆道：「你真是極其幸運，能夠繼承奧加米什的遺產。」

「在第一次遇見奧加米什之前，我早已心懷對財富的渴望，這是我唯一認為自己幸運的事。在最初的四年間，我難道不是透過堅持不懈地累積收入的十分之一來證明我堅定的決心嗎？漁夫長年累月地研究魚的習性，根據風向的變化來決定撒網的方向，這並不叫運氣。機會是一位驕傲的女神，她絕不會眷顧那些毫無準備的人。」

「在初年失去所有積蓄後，你憑藉非凡的意志力重新開始，並堅持至今，這點你確實非同凡響。」另一個朋友說。

「意志力？」阿爾卡德駁斥他的朋友，「真是愚昧。你認為意志力能賦予人舉起連駱駝都無法負荷的重物的力量嗎？

還是你覺得意志力能讓人推動連牛都拉不動的東西？意志力僅僅是你完成任務的堅定決心。如果我為自己設定了一個目標，不管這個目標多麼微不足道，我都會堅持到底。否則，我怎能有信心去完成大事？假設我決定在未來的一百天裡，每次經過小橋時都要撿一顆石頭扔進河裡，我就必須做到。如果第七天我不小心忘了這件事，我絕不會對自己說：『今天就算了吧，明天再扔兩顆石頭就好了』，相反，我會原路返回去扔那顆石頭。或者，在第二十天時我對自己說：『阿爾卡德，沒用的，就算你每天扔一塊石頭又能產生什麼作用呢？扔一大把石頭下去了結了這事吧！』不，我既不會這麼說也不會這麼做。當我給自己設定了一個任務，我就會盡力去完成。所以，我盡量避免從一些困難又不切實際的任務開始，而是選擇自己能力範圍內的事情去堅持，因為我喜歡安逸，喜歡從容地一步步前進。」

此時，另一位朋友插話道：「若你所言屬實，聽上去確實頗有道理，執行起來也相當容易。然而，假如人人都依照你的方法行事，皆能致富，那麼世間的財富便不足以分配給所有人。」

「只要人們充分釋放自己的潛能，財富便會持續增長，完全不必擔憂是否足夠分配。」阿爾卡德回答道，「若一位富翁為自己建了一座豪宅，他所花費的金錢是否就此消失了呢？

第二章　巴比倫最富裕的人

不，磚匠獲得一部分，建築工人得到一部分，裝飾宅邸的畫師也得到一部分，每個參與這項工程的人都能分到一部分。豪宅落成後，它的價值是否不及建造時的投入？豪宅所在的土地是否因此貶值？周圍的房屋會否因為與之相比而顯得廉價？財富的增長是一個奇妙的現象，無人能預測其極限。腓尼基人不正是利用他們的海上貿易所得，在貧瘠的海岸上建立了一座座輝煌的城市嗎？」

「那麼我們應該如何才能致富呢？」另一位朋友問道，「歲月流逝，我們也不再年輕，這些年工作的積蓄也相當有限。」

「我建議你們汲取奧加米什的智慧，提醒自己：『將收入的一部分儲蓄起來。』每天早晨起床時對自己重申一次，中午再重申一次，晚上也不例外。這樣不斷地提醒自己，直到這些話語像天空的火焰般閃耀明亮。」

「將這個理念深深地烙印在心中，讓整個靈魂被這種信念所充滿，並不斷吸收一切明智的觀點和思想。儲蓄不少於收入的十分之一。如果有需要，最好從其他開銷中也撥出十分之一，但首先要確保的是先行儲存全部收入的十分之一。很快你就會體會到擁有一筆財富的美妙感受。財富的增長會激勵你，美好生活的喜悅會令你振奮，巨大的成就感會促使你

渴望賺取更多。有了不斷增加的利潤，你所能獲得的財富不也隨之增長嗎？」

「接著，你需要掌握如何讓賺取的資金繼續為你效勞。將這些資金變成你的僕從，使它們持續不斷地生成財富。」

「確保自己未來擁有穩定的收入。觀察那些年長者，別忘了將來你也會成為他們中的一員。在投資前謹慎思考，這樣才能避免損失。高利率的回報是一種欺騙，它如同賽蓮女妖，在岩石上唱著迷人的歌，誘惑著容易受騙的人們，使他們後悔莫及。」

「同樣地，當需要為你的家人提供保障時，他們自然不希望你突遭不幸而離世，但意外總是難以預測。這份保障要求你盡早為未來做好準備，定期進行小額儲蓄是一種行之有效的方式。因此，若是有遠見的人懷有這樣的明智計劃，他絕不會有任何遲疑和拖延，必然立刻開始行動，累積足以讓家人未來生活無憂的資金。」

「多向智者請益，向每日與財務打交道的專家尋求建議，讓他們幫助你避免重蹈我將積蓄交給磚匠阿茲莫購買寶石的覆轍。小額但穩健的投資回報比高風險高回報更值得選擇。」

「達成這些目標後，你便可以開始享受生活了。不要過

第二章　巴比倫最富裕的人

度工作,也不要過分追求存款。如果你能輕鬆地將收入的十分之一存起來,那就存這麼多。量入為出,不要讓自己變成一個害怕花錢的吝嗇鬼。生命是美好的,因為有許多值得去做的事情,有許多讓人愉快的享受,它才顯得如此豐富多彩。」

聽完阿爾卡德的話,感謝過他後,那些朋友們便各自離去。有些人默默無言,因為他們未能領會阿爾卡德話中的含義。有些人則心存嘲諷,認為像阿爾卡德這樣的富人應該將財產與不幸的朋友分享。而另外一些人的眼中則閃爍著新的光芒,他們意識到奧加米什每次回去找阿爾卡德,是因為他看見了一個年輕人正在以自己的方式從黑暗走向光明。當一個人找到了光明的所在,理想之地便會在前方等待。除非他自己能領悟其中的奧祕,並做好迎接機會挑戰的準備,否則沒有人能到達那個理想的終點。

正是這一小部分人,在未來數年中,多次前去拜訪阿爾卡德,向他討教致富之術。阿爾卡德也熱情接待這些懷有堅定信念、勤勉好學且勇於實踐的朋友們。

如同那些經驗豐富、知識淵博的人所樂於從事的,阿爾卡德與這些朋友進行探討交流,無私地傳授自己的經驗。他協助這些朋友用他們的積蓄進行投資,這些投資能帶來安全且可觀的回報,並且不會產生虧損或因被套牢而無法獲利。

當這群朋友終於領會了奧加米什傳授給阿爾卡德，再由阿爾卡德傳授給他們的這些智慧的真正意義時，他們迎來了人生中關鍵的轉折點。

將收入的一部分儲蓄起來。

第二章　巴比倫最富裕的人

第三章　擺脫貧困的七個祕訣

第三章　擺脫貧困的七個祕訣

「我將為各位詳盡闡述如何應對空虛的錢袋、消除貧困的七種方法，這正是我所要傳授給所有渴望財富之人通往富裕之路的祕訣。」

巴比倫的繁榮持續不衰。隨著歲月流逝，它以全球最繁華的城邦而聞名，巨大的財富令人難以置信。

然而，巴比倫並非自始便如此富裕。它的財富是由充滿智慧的市民創造出來的，巴比倫人最重要的事就是學習如何成為富有的人。

在擊潰敵軍埃蘭人之後，巴比倫偉大的君王薩爾貢凱旋而歸，卻面臨一件棘手之事。大臣向他稟報：

「陛下修築運河以灌溉田地，興建宏偉的神廟以供奉諸神，數年來為國家帶來了極大的繁榮，為百姓創造了豐厚的財富。如今這些工程皆已竣工，而百姓的生活卻彷彿難以為繼。」

「勞工失業，商販的顧客日漸減少，農民的產品滯銷，百姓缺乏足夠的資金購買食物。」

「這些年來我們取得的巨額黃金都去了哪裡？」國王質問道。

「它們自有去處。」大臣回答，「恐怕是都進入巴比倫少數幾個大富豪的口袋裡了。就像羊奶經過濾器一樣，那些財

富經過人民之手，又迅速從他們指縫間溜走。既然黃金像流水一樣不在他們手上停留，人民當然沒有收入可言。」

國王思索了片刻，隨後詢問：「為何僅有少數人掌控了幾乎所有的財富呢？」

「他們深諳致富之道。」大臣回應道，「我們不應因為某人懂得賺錢而譴責他，也不能自詡正義地將他合法所得用於救濟那些無力謀生者。」

國王再度詢問他的大臣：「為何不教導所有人如何賺取黃金，使他們也能富有呢？」

「陛下英明。這固然有可能。然而，誰來傳授這些知識呢？祭司們當然不行，他們完全不懂賺錢。」

「在我們的國境內，誰能最透澈地理解致富之道？」國王繼續問道。

「陛下，您的問題本身就是答案。在巴比倫，誰是最富有的人？」

聰慧的國王立即領悟了大臣的意圖，他讚許地說：「說得好，我能幹的大臣。那是阿爾卡德，據我所知，他是整個巴比倫最富有的人。明日帶他來見我。」

次日，阿爾卡德依國王之命前來覲見，儘管年逾七旬，他依然腰桿筆直，神采奕奕。

第三章　擺脫貧困的七個祕訣

　　國王問道:「阿爾卡德，你是否真的是巴比倫最富有的人?」

　　「誠如眾人所言，陛下，無人會心生疑慮。」

　　「你是怎麼達到如此財富的?」

　　「把握每位公民可能獲得的良機。」

　　「你是從零開始創業的嗎?」

　　「當年的我，除了對財富的強烈渴望，別無所有。」

　　「阿爾卡德，」國王接著說，「我們的城邦目前陷入極其不幸的處境。僅有少數幾人懂得如何獲取財富，並因此壟斷了財富，而大多數臣民卻缺乏足夠的知識來保有他們所賺取的錢。」

　　「我希望巴比倫成為全球最繁榮的城邦。為此，它必須擁有眾多富裕的市民。因此，我們必須教導所有人民如何獲取財富。告訴我，阿爾卡德，致富的祕訣是什麼?這些祕訣能傳授給他人嗎?」

　　「陛下，此事可行。一個人所理解的道理是可以教導給他人的。」

　　國王眼中閃爍著光芒:「阿爾卡德，你的話正合我意。你願意親自教授這門重要的課程嗎?你是否能將這些知識傳授給教師們，待他們具備足夠能力後，再由他們將這些智慧的

真理傳播給我領土內的所有人？」

阿爾卡德彎身行禮，恭敬地對國王回應：「遵從您的旨意，全憑陛下差遣。為了改善同胞的生活，為了陛下的榮耀，我願意將我所有的知識和智慧悉數傳授給您的臣民。請讓您的大臣們為我設立一個百人的課堂，我將教導他們使財富充盈的七種方法，讓巴比倫不再有人受貧困之苦。」

兩週後，遵照國王的指示，百名獲選者齊聚講習堂的大殿，圍成半圓形，聆聽阿爾卡德的教導。阿爾卡德坐在一個矮凳旁，矮凳上有一盞聖燈，散發出異香，令人愉悅。

阿爾卡德站了起來。一名學生輕輕推了推旁邊的同學，低聲道：「看，那就是巴比倫最富有的人，他看起來和我們沒什麼不同。」

「遵循國王陛下的指示，」阿爾卡德開口道，「我來此是為了教導你們。因為我曾經也是一個極度渴望黃金的貧困少年，並且我找到了獲取黃金的方法，所以陛下命令我與你們分享這些知識。」

「我以謙卑的姿態踏上了追尋財富的道路。與在座的諸位及每一位巴比倫市民一樣，並無任何優勢可言。」

「我的首個金庫是一個破舊的錢袋。我厭煩了它的空無與無用，渴望它能變得充實飽滿，裝滿叮噹作響的金幣。為了

041

這個乾癟的錢袋,我絞盡腦汁,最終找到了七個妙方。」

「我將向諸位詳盡闡述應對空虛錢袋、消除貧困的七種方法,這正是我將傳授給所有渴望財富之人的致富祕訣。在接下來的七天中,我將每天詳細講解其中一種方法。」

「請各位專心聆聽我分享的知識,與我進行討論,也和同學們探討這些議題。堅持完成這些課程,深入理解內容,這樣你們才能為自己的財富奠定基礎。首先要開始創造自己的財富,然後精通這門技藝,最終才能將這些祕訣傳授他人。」

「我將以最簡單的方式教導你們如何充實錢袋。這是通往財富殿堂的第一步,缺少這一步,無人能登上此殿堂。」

「我們來揭示第一個祕訣。」

首要祕訣:開始使你的錢包豐盈起來。

阿爾卡德來到第二排一位陷入沉思的學生旁,詢問:「親愛的朋友,你從事什麼職業?」

「我是抄寫員,專職在泥板上刻字。」這個學生回應。

「我的首份職業也是抄寫員,這讓我賺到了第一個銅幣。因此,你和我一樣,擁有取得財富的契機。」

他再次詢問坐在後排遠處的一名臉色紅潤的學生:「請告訴我你的職業是什麼。」

那人回應道:「我是屠夫。我從農民手中購得山羊,宰殺後將肉售予主婦,皮毛則轉賣給鞋匠。」

「你擁有工作和收入,所以相比之下,你具備更多成功的條件。」

透過這種方法,阿爾卡德得知了他每位學生是如何謀生的。當他詢問完所有人後,他說:

「同學們,眼前展示了許多行業和職業,這些都是人們獲取收入的途徑。每一種賺錢的方式就像一條黃金河流,使勞動者透過工作來充實他們的錢包。因此,你們每個人賺取收入的多少,取決於你們的能力,對嗎?」

學生們立刻表示確實如此。

阿爾卡德繼續道:「假如你們每個人都希望為自己累積財富,那麼,充分發揮你已經擁有的財富來源,是否是一個明智的選擇?」

學生們表示支持。

接著,阿爾卡德將目光轉向一名貌不驚人的學生,自稱賣蛋為生。「如果你每天早晨將 10 個蛋放入一個籃子,晚上再取出 9 個,最終會有什麼結果?」

「終有一日,籃子將無法再容納更多。」

「為何?」

第三章　擺脫貧困的七個祕訣

「由於我每日存入的蛋總是比取出的多一枚。」

阿爾卡德滿意地點了點頭，對學生們展露笑容，問道：「在場的各位有誰手頭拮据嗎？」

這個問題引得學生們紛紛發笑，隨後他們爆發出鬨堂大笑，最後大家幽默地舉起空空如也的錢袋晃動。

「好了，」阿爾卡德繼續道，「現在我將透露我對付空錢袋的首要方法。按照我剛才告訴賣蛋人的那樣行事。將 10 個銅幣放進錢袋，但最多只能取出 9 個來使用。如此一來，錢袋將會逐漸變得充實，其增加的重量會讓你手感良好，並在內心帶來滿足。」

「不要因為我所說的事情簡單而輕視它。真理總是簡單而樸實的。我已經承諾會告訴你們我是如何創造財富的，這就是我的第一步。我也曾經擁有一個空空如也的錢袋，我詛咒它，因為它裡面什麼都沒有，完全無法滿足我的欲望。然而，當我開始放進去 10 份只取出 9 份時，我的錢袋就逐漸豐滿起來了。你們也會如此。」

「現在我要告訴你們一個看似奇特的事實，其奧祕至今我仍未完全理解。當我停止花費超過九成的收入時，我發現自己依然能夠維持生活，過得和往常一樣，並未因削減開支而感到匱乏。不久之後，我發現賺錢甚至變得比以前更加容

易。這無疑是神明制定的法則，那些存下一部分收入不花的人，財富來得就會更容易。同樣，那些錢袋裡沒有錢的人，財富也會避開他。」

「你最渴望的是什麼？是每日的欲望都能得到滿足嗎？珠寶首飾，奢華的衣食，那些轉瞬即逝的事物？還是那些更為實在的財富，如黃金、土地、牲畜、商業和有回報的投資？你從錢袋中取出的錢能帶來前者，而你留下的錢則會帶來後者。」

「同學們，這是我應對空錢袋的首要策略：『投入 10 個銅幣，只花費 9 個。』請在你們之間進行討論，如果有人能證明它是錯誤的，明天見面時告訴我。」

祕訣二：管理你的開銷。

「有些學生問我：『如果一個人賺的錢不足以應付生活開支，他怎麼可能存下收入的十分之一呢？』」第二天，阿爾卡德在學生們面前說道。

他沒有直接回應這個問題，而是向眾人提問：「昨天有多少人帶著空錢袋來？」

學生們回答道：「我們所有人帶來的錢袋都是空的。」

「然而，你們每位的收入並不相同。有些人賺得更多，而有些人則需養活更大的家庭。可是你們的錢袋卻無一例外地

第三章　擺脫貧困的七個祕訣

都是空空如也。現在我要告訴你們一個奇怪的真相，那就是：如果不慎加以控制支出，我們所謂的『必要開銷』總是會與我們的收入相匹配，也就是說，我們賺多少，就會花多少來滿足日常開銷。」

「切勿混淆必需支出與欲望。你們每個人及你們家人的各種欲望，並非你們的收入能夠完全滿足。因此，你的收入應用於滿足那些能夠實現的欲望。你心中仍會有無法滿足的欲望。」

「人人都被他們無法實現的欲望所困擾。你們認為我的財富能讓我滿足所有的欲望嗎？這是錯誤的想法。我擁有的時間有限，精力有限，能去的地方有限，能品嚐的食物有限，我所能體驗的快樂也有限。」

「我告訴你們，種子在土地上茁壯，是因為農夫為其根系在土壤中預留了充足的空間。同樣，欲望能在人心中滋長，是因為人們賦予了它們得以滿足的機會。人生的欲望無窮，但如你所願地被滿足卻寥寥無幾。」

「深入分析你們的生活方式，通常能發現一些可減少或完全避免的支出。可以將你的座右銘定為：充分利用每一個錢幣，發揮其百分之百的價值，確保每一筆錢都用在關鍵之處。」

「因此,將你的每一筆花費記錄在泥板上,從你那十分之九可用於消費的收入中,標註出必要花銷和必須支出的部分,刪除其餘那些可有可無的項目,視它們為不可滿足的欲望,並且不要因此感到遺憾。」

「為你的必需開支制定一個預算。絕對不要動用讓你財富增長的那十分之一的積蓄,並將此視為你努力實現的強烈願望。堅持執行預算,並不斷調整,使其成為保護你日益豐厚財富的最佳助手。」

此時,一位身著金紅相間長袍的學生起身發言:「我是自由民。我堅信,享受生命中的美好事物是我的權利。因此,我絕不會讓預算來左右我能花多少錢和為何花錢,我絕不會受預算的束縛和奴役。我認為這會奪走我生活中的快樂,讓我覺得自己不比一頭背著重擔的驢子好多少。」

阿爾卡德回覆道:「我的朋友,你的預算是由誰來決定的呢?」

「這當然要由我自己來決定。」這位持不同意見的學生表示。

「如此一來,若一頭驢子要為所負載的物品做預算,它會將珠寶、地毯和沉重的金子納入考慮嗎?不會的。它只會計算在沙漠跋涉中有用的乾草、糧食和水。」

第三章　擺脫貧困的七個祕訣

「預算的目的是讓你們的財富逐漸增長。它能夠協助你們滿足生活需求以及其他一些可以實現的欲望。它能幫助你辨別哪些是你內心最重要的渴望，哪些則是臨時起意的小願望，從而保護你的真正需求。你的預算揭示了財務漏洞所在，猶如黑暗洞穴中的明燈，使你能夠避免金錢損失，從而精確而有效地管理你的開支。」

「這是避免空錢袋、遠離貧困的第二個祕訣。為你的支出制定預算，如此一來，你便能在不超過收入十分之九的情況下，有足夠的資金支付生活必需品、享受快樂的事物，並滿足有價值的願望。」

第三個祕訣：提高你的財務收益。

「你們的錢袋正在逐日豐滿。你們已經掌握並習慣於將收入的十分之一存下來。並且，你們已經能夠透過控制開支來保護你們的財富。接下來，我們將探討如何將財富轉化為生產力並實現增長。黃金放在錢袋裡固然令人欣喜，但它只能滿足一個渺小靈魂可憐的願望，除此之外，其他什麼都得不到。我們從收入裡存下的錢只是起點，透過這些存款獲得的收益才能成就我們的財富。」第三天，阿爾卡德如此對他的學生們說。

「那麼，我們該如何讓這些資金為我們創造效益呢？我的首次投資以慘敗告終，損失慘重。然而，這個話題我們暫且

擱置，稍後我會詳細講述這段經歷。我的第一筆成功投資，是借給製盾匠阿加爾的一筆貸款。每年，阿加爾都需要大量進口青銅來維持他的業務，由於資金短缺，他會向資金充裕的人借款，以支付進口青銅的費用。他是一個信用卓著的人，當他將製成的盾牌售出後，會連本帶利地償還借款。」

「此外，每當我借錢給他時，他都會支付利息給我。所以，不僅我的資金在增加，產生的收益也在同步上升。最讓我滿意的是，這些收益最終又回到了我的口袋。」

「各位學生，財富的真實衡量標準並非是已經裝滿口袋的金錢，而是那些不斷創造、持續流入他錢袋的收入，這些如黃金之河般源源不絕的財富，才是真正的富有。這正是每個人夢寐以求的狀態，在座的每一位無論是在工作還是旅行，都希望能擁有這樣源源不斷的收入。」

「隨著收入的逐步增加，我的財富達到了可以稱為大富翁的程度。借給阿加爾的那筆款項，成為了我賺取的第一筆可觀收入。我從中汲取了寶貴經驗，並在財富累積的過程中擴大了借貸和投資，利潤來源也多了起來，從最初的幾個逐漸變成了大量。這種收入方式效果顯著，財富如同河流般不斷湧入我的口袋。」

「瞧，我微薄的收入為我招募了一群金錢奴隸，每個奴隸都在為我效勞，為我帶來更多的收益。這些收益又為我創造

第三章　擺脫貧困的七個祕訣

新的收益，新的收益再帶來收益，如此錢生錢利滾利，所帶來的一系列效益也就變得極為可觀。」

「我再來跟你們說一個例子，這件事能使你們發現合理有效的收益能使財富迅速增長：有一位農夫，當他第一個兒子誕生時，他將 10 個銀幣存入放債人處，並讓這筆錢持續生息，直到他的兒子滿 20 歲。放債人答應每四年支付一次本金四分之一的利息。因為這筆錢是為兒子準備的，因此農夫要求將利息計入本金，並繼續存放在放債人那裡。」

「當男孩年滿二十歲時，農夫前往借貸者那裡詢問存款狀況。借貸者解釋，由於這筆錢是按照複利計息，原本的十枚銀幣已經增長至三十枚半。」

「農夫非常愉快。由於兒子暫時不需要這些資金，他決定繼續將錢存放在借款人那裡。當兒子年滿五十歲時，農夫去世了，借款人將這筆錢返還給兒子，而這筆錢已經增值至 167 枚銀幣。」

「這筆投資在 50 年間帶來了接近 16 倍的收益。」

「這正是我要告訴你們的第三個祕訣：使每一枚錢幣都為你效力，它們將如繁衍不息的獸群般，為你的錢袋帶來源源不斷的收益。」

第四個祕訣：保護資產，避免虧損。

「木秀於林風必摧之。換句話說，越是顯眼，就越容易招致災禍。必須看好我們的錢袋，否則裝在裡面的金子就可能會丟失。在神靈賜予我們更大的財富之前，先守護好我們的手上所擁有的小小的財富，使它們不致流失，這無疑是十分明智的做法。」阿爾卡德在第四天對他的學生們這麼說。

「任何手頭寬裕的人都有可能被某些機會所吸引，這些機會表面上看起來似乎能夠透過一些看似可行的方法獲取豐厚的收入。親朋好友們往往樂於參與這類投資，並熱情地建議你也加入。」

「投資的首要原則是確保本金的安全。在本金可能遭遇損失的情況下盲目追求高利潤，這種做法是否明智？我認為這是不明智的。冒險的後果很大可能就是投資失敗。在投入你的資金之前，一定要仔細研究，一定要確保投資可以安全收回。不要被快速致富的美好願望所誤導。」

「在出借金錢之前，應當確保自己充分了解借款人的償還能力及信用狀況，這樣才能避免在毫無所知的情形下，無端送出自己辛苦累積的財富。」

「在進行任何投資之前，首先要讓自己熟悉即將面臨的風險。」

「現在我來談談我當年的那次重大失敗。我的首筆投資堪稱一場悲劇。我將辛苦積存了一年的積蓄交給了一個名叫

第三章　擺脫貧困的七個祕訣

阿茲莫的磚匠，他經常出海遠行，答應我會在提爾港為我購買一些腓尼基人出售的稀有珠寶。等他回來後，我們計劃共同出售那些珠寶，並平分利潤。然而，那些腓尼基人都是無賴，他們賣給阿茲莫一些看似光彩奪目的玻璃，冒充寶石。我的投資就這樣全都化為了泡影。如果是今天的我，憑藉我的經驗，我會立刻知道，委託一個磚匠去經營珠寶生意是多麼愚蠢的決定。」

「因此，我以親身經歷提醒你們：不要過於自信於自己的投資判斷，這些判斷可能是陷阱。最好請教那些在投資獲利方面具備豐富經驗和智慧的專業人士，他們的建議是免費的，能讓你輕鬆獲得與你預期投資相等的回報，這些建議的價值甚至與你原本打算投資的那筆錢相當。事實上，其真正價值在於避免金錢上的損失。」

「這便是我給你們的第四條建議，它對於防止你的錢袋再度變空具有極大的指導意義。妥善保護你的財富，避免其遭受損失。在確保資金安全的前提下進行投資，或投資於能夠獲得預期回報的項目，亦或僅進行能夠獲得合理利潤的投資。與有智慧的人討論相關事宜，向那些在投資方面有經驗的專家尋求建議，讓他們的智慧保護你的財產免受不安全投資的影響。」

第五個祕訣：將你的住宅轉化為一項有利可圖的投資。

「在第五堂課上，阿爾卡德告訴他的學生們：『假如一個人將收入的九成用於生活和享樂，並將部分資金進行有利可圖的投資，同時不影響生活品質，那麼他的財富增長速度將會顯著提升。』」

「在巴比倫，許多人居住在狹小簡陋的房屋中，努力養家餬口。為此，他們需向房東繳納高額租金，但在這些住所裡，他們的妻子甚至沒有一處可以種花的空間，以美麗的植物來陶冶心情，他們的孩子也沒有遊戲的場所，只能在骯髒的街道上玩耍。」

「除非擁有一片屬於自己的土地，否則沒有家庭能真正感受到幸福。這片土地應該讓孩子們能在潔淨的地面上盡情玩耍，讓家庭主婦們不僅能夠栽培花卉，還能種植豐盈優質的草藥和蔬菜，從而補貼家計，改善家人的生活。」

「能夠品嚐到自家果樹上摘來的無花果，享受自家葡萄藤上採摘的葡萄，這種愉悅和滿足感是無可比擬的；擁有一處屬於自己的住所，悉心呵護並引以為豪，也能讓人充滿信心，努力使其成為更大的成就。因此，我建議每個人都應該擁有一幢屬於自己的房子，它能給自己和家人提供庇護。」

「對於任何懷有強烈雄心的人來說，擁有一棟屬於自己的

第三章 擺脫貧困的七個祕訣

房子並非遙不可及。我們偉大的國王不是已經大幅度擴展了巴比倫的城牆嗎？其中有大量土地尚未利用，可以以合理的價格購得。」

「我還要告訴你們，我的學生們，放債人喜歡看到人們希望為家人獲得房屋和土地。如果你們能呈交一份建房所需費用的合理預算，不久你就可能從放債人那裡借到一筆錢，用來支付磚匠和建築工人的工資。」

「房屋建成後，你需要像以往支付房租給房東那樣，向貸款人繳款。由於每次付款都會減少你在貸款人那裡的債務，幾年後你便能清償這些欠款。」

「隨後，你的情緒將會愉快起來，因為你將徹底擁有一項珍貴的財產，而你唯一的支出僅是向國王繳納稅款。」

「此外，你的妻子也能更常到河邊清洗你的長袍，每次回來時都能攜帶一袋水，用於灌溉她那些正在生長的花卉和植物。」

「如此一來，擁有自己房產的人將獲得福祉，他的生活支出也會大幅減少，從而有更多資金用於娛樂和實現其他願望。這就是我要傳授給你們的第五條妙計：擁有自己的房產。」

第六個祕訣：確保未來的收益。

「每個人的生命都從童年走向衰老。這是生命的必經之路，沒有人會偏離這條道路，除非是神靈過早地召喚他去天國。因此我必須說：一個人理應為他年老時候的生活準備一份適當的收入，並且也應該為自己的家人準備好生活保障，以防有一天自己不能再陪伴和贍養他們。這堂課我將為你們講述如何為將來那些不再有能力賺錢的日子提供充足的金錢保障。」在第六天的課堂上，阿爾卡德這樣對他的學生們說。

「那些掌握致富法則並能持續累積資產的人，應該全面考慮未來。他應該設計一些能在多年內保持安全穩定的投資或儲備；當他們年老時，就會見證這些計劃的成果。屆時，他便能體會到自己的遠見。」

「確保未來生活安全的方法多種多樣。你可以為自己設置一個隱藏祕密財富的地點，但無論你如何藏匿財產，它們仍有可能成為盜賊的目標。故此，我不建議使用這種方法。」

「你也可以因此購置房屋和土地。若能聰明地依據它們未來的實用性和價值進行選擇性持有，它們的價值及為你創造的收益將會穩定持久，或許將來還能以高價出售，保障你的晚年生活無憂無慮。」

「你也可以將一部分資金借給放債人，並定期增加投入的數額。放債人支付給你的利潤會比你的資金增長得更快。我認識一位名叫安山的鞋匠，他最近告訴我，過去八年間，他

第三章　擺脫貧困的七個祕訣

每週都在一位放債人那裡存入 2 個銀幣。放債人最近歸還給他的金額讓他非常滿意。他的小額存款連同按照通常利率所獲得的利息，即每四年獲得本金四分之一的利息，總計已達到 1040 塊銀幣。」

「我全力支持他的決定，愉快地鼓勵他，並運用我的知識進一步解釋，如果堅持這種投資，每週存入固定金額，僅僅是 2 個銀幣，那麼 12 年後，放債人將會欠他 4000 塊銀幣，這些錢足以支付他餘生的需求。」

「毫無疑問，當這種常規的小額存款能夠帶來如此可觀的利潤時，任何人都可以確保在年老時擁有一份穩定可得的財富，並在意外發生時為家人提供所需的生活保障。無論一個人擁有的財富多麼巨大，無論他的投資額有多少，這筆收入至少可以為他未來的生活提供不時之需。」

「我希望能在這個問題上進一步闡述我的觀點。在我心中有一種信念：未來的某一天，智者們將能夠設計出一個應對死亡的計劃，讓部分人透過定期存入少量資金來為未來做準備。多年累積下來，這些資金將成為一筆可觀的數目，從而在他們離世後，為家庭留下生活保障。我個人非常贊同這種方法。然而，目前這個計劃還無法實施，因為它的持續過程超過了任何個人的生命期限或任何合作關係的存續期，它必須像國王的寶座一樣穩固。終有一天，這個計劃會被廣泛接

受並實施，成為所有人的生活保障，因為即使是最初的小額存款，也能為不幸離世者的家庭帶來一筆可觀的收入。」

「然而，既然我們生活在當下而非未來，為了實現我們的目標，我們必須充分利用這些手段和方法。因此，我建議，大家都應該明智且細心地尋找解決自己空錢袋的方法，因為無論是無法再賺錢的錢袋，還是失去支柱的家庭，都是令人悲痛的悲劇。」

「這便是我所要傳達給你們的第六個妙計，用以消除貧困和解決囊中羞澀的問題：及早為你的晚年生活和家庭保障做好規劃。」

第七個祕訣：增強你的創收能力。

第七天的課程正式展開。

「今天我將向你們揭示消除貧困和解決空錢袋的關鍵方法。然而，這次我不會討論黃金財富，而是專注於你們自身，探討你們這些穿著各種服飾坐在我面前的人所面臨的問題。我將談論那些在追求成功的道路上積極奮鬥或消極應對的人，並向你們講述他們心中所想或生命中所經歷的事情。」阿爾卡德對他的學生們說。

「前不久，一位年輕人來向我借錢。我詢問他借錢的原因時，他抱怨他的收入不足以支付開銷。於是我告訴他，這就是問題的根源，他是放債人不願意見到的借款人，因為他缺

第三章　擺脫貧困的七個祕訣

乏足夠的還款能力。」

「年輕人，」我對他說道，「你當前需要的是增加收入。你有什麼策略能提升你的賺錢能力？」

他答道：「我唯一的辦法是在兩個月內，六次去找我的主人要求加薪，但每次都徒勞無功。我想沒有人能像我這樣頻繁地向主人提出要求。」

「儘管這個年輕人的單純或許會引來我們的嘲笑，但他確實擁有要求加薪的重要資質。他內心懷有一種強烈的渴望，希望自己能夠賺取更多的收入，這是一種正當且應該受到鼓勵的願望。」

「最初是渴望，隨後是為此奮鬥而取得的成就。你的渴望必須強烈且明確，平庸的渴望僅是短暫且微弱的念頭。一個人希望自己變得富有，那僅僅是一個渺小且不切實際的目標。但若一個人渴求五塊金幣，這是一個可以實現的具體要求。當他懷著強烈的願望去獲得這五塊金幣，並且成功達成之後，他將會回顧這個渴望，並找到類似的方法去獲得十塊金幣、二十塊金幣甚至一千塊金幣，最終變得富有。在實現這些明確小目標的過程中，他也學會了如何實現更大的願望。這就是累積財富的過程：從小數目開始，然後學會獲得更多，最終具備取得更大財富的能力。」

「渴望必須保持簡單明確。若渴望過多、過於紛亂，或超

越個人能力所及,便會被其自身的想法壓垮。」

「當一個人致力於提升自己的職業技能,使其更加精湛,他賺取收入的能力也會隨之增強。當我還只是個卑微的抄寫員時,每天賺到的僅是微薄的銅幣。我注意到其他抄寫員的工作量和收入都遠超過我,因此下定決心要超越他們。過了不久,我發現了他們成功的祕訣:對工作投入更多的興趣,對任務投注更多的專注,對努力保持更多的堅持。不久後,幾乎沒有誰能在每天刻寫泥板的數量上超過我。很快,我日益精湛的技能得到了回報,不再需要頻繁地向主人尋求認可。」

「知識與智慧的增長,直接影響我們的收入潛力。在技術上追求卓越的人,必然會獲得豐厚的回報。如果他是一位工匠,他可以向技藝高超的同行學習,提高製作技巧,並設計更有效的工具。如果他是法典編纂者或康復治療師,他可以與同業分享經驗,交流心得。如果他是商人,他可以不斷尋找以更低價格購買的商品。」

「人們總是在尋求各種轉變和改善,因為有著敏銳頭腦的人總是在想方設法追求更好的技能,使自己能更好地為那些衣食父母服務。因此我主張,所有的人都應該追求先進,努力改進自己的技藝,不要站著不動停滯不前,以免被別人遠遠拋在身後。」

第三章　擺脫貧困的七個祕訣

「許多事物都可以使一個人的生活富有色彩,並滿載對人生有益的經歷。若一個人尊重自己,那麼以下事項是他必須履行的:

必須全力以赴償還債務,不要購置那些無法承擔的物品。

必須妥善照料家庭,使家人們在談論時總是讚不絕口。

必須立好遺囑,以防不測,若有一天蒙神召喚離世,留下的財產能得到適當而公正的分配。

對於那些遭受不幸打擊的人,應該懷有同情之心,並適度地給予幫助。」

最終,阿爾卡德總結道:「第七條也是最後一條對付空錢袋的方法,就是增強自身的實力,學習並變得更有智慧、更具技能,並且尊重你自己。你必須讓自己有信心去實現那些你小心翼翼守護的渴望。」

「這些便是我憑藉多年的經驗和成功的人生總結出的七條妙方,以應對貧困和空錢袋,我將它們推薦給所有渴望獲得財富的人。」

「巴比倫的財富豐厚無比,我的學生們,超越你們的想像。這裡就是一座巨大的金庫。」

「前進吧,將這些真理付諸實踐,這樣你們就能取得成

功，成為富翁。這是你們的權利。」

「繼續前進，將這些真理傳遞給他人，讓每一位陛下的臣民都能公平地享有我們珍愛城邦的豐厚資源。」

第三章　擺脫貧困的七個祕訣

第四章　幸運女神降臨

第四章　幸運女神降臨

> 「能抓住機遇者，必得幸運女神青睞。幸運女神永遠助那些討她歡心之人。行動力強者最能獲得她的認可。」
>
> 「若一個人運氣極佳，你完全無法預測他的幸運程度。即便將他丟入幼發拉底河，他也能游上岸，手中還握著滿把珍珠。」
>
> —— 巴比倫諺語

全世界的人都期盼擁有好運。如今的人們和四千年前的古巴比倫人一樣，心中都懷抱著這個願望。我們每個人都渴望得到幸運女神的青睞。是否有方法能讓我們遇見幸運女神，吸引她的目光，並獲得她的慷慨援助呢？

是否存在能夠吸引好運的方法呢？

這正是古巴比倫人渴望了解的問題，也是他們矢志要解決的課題。巴比倫人民天性聰慧且擅長思索，這也解釋了為何他們的城邦能夠成為當時世界上最富有和最強大的國家。

在那個遙遠的年代，巴比倫人並未設立專門的教育機構，如學院或大學。然而，他們設有一個極為注重實用性的學習中心。巴比倫擁有許多高大宏偉的建築，其中國王的宮殿、空中花園和神廟皆占有重要地位。然而，有一座建築極少在歷史文獻中提及，甚至可以說完全未被提起，但它對當時人們的思想影響深遠。

這座建築被稱為講學殿。教師們在此義務向眾人傳授先賢的智慧,大家自由地公開討論感興趣的公共議題。在講學殿中,人人平等,哪怕是卑微的奴隸與王公貴族辯論,他也不會因此受到任何懲罰。

在那些經常光顧講學殿的人中,有一位智慧出眾的富翁,他就是巴比倫最富有的阿爾卡德。他擁有一個專屬的講廳,每到傍晚,都會有一大群人聚集於此,當中有老人、年輕人,但以中年人居多。他們討論感興趣的話題,並進行自由辯論。以下讓我們看看他們是否知道如何吸引好運氣的降臨。

太陽逐漸向地平線沉落,如同一個巨大的紅色火球,透過沙漠上飛揚的塵土,依舊散發著熾熱的光芒。按照慣例,此時阿爾卡德緩步走進了他熟悉的講廳。已經有 80 人坐在自己的小毯子上,等待著他的到來,還有一些正在陸續趕到。

「今晚我們要討論什麼議題呢?」阿爾卡德詢問眾人。

在短暫猶豫後,一名高個子織工站起身來,對阿爾卡德說:「我有一個話題,想聽聽大家的看法,但我還在掙扎是否該說出來,因為我擔心您和在座各位會覺得它很可笑。」

阿爾卡德和其他人都鼓勵他發表意見。織工接著說:「今天我交了好運,撿到一個裝滿金幣的錢袋。我強烈希望這種

第四章　幸運女神降臨

好運能夠持續。我想大家應該也有同樣的願望,所以我建議我們討論如何吸引好運降臨,這樣我們就能找到吸引它的方法。」

「最引人注目的話題出現了!這也是最值得我們深入探討的議題。」阿爾卡德贊同地說道,「對某些人來說,幸運是不可測的,它只是意外和偶然的產物,沒有特定的目的或原因就降臨到某個人身上。而另一些人則認為,所有的幸運都是慷慨的女神阿斯塔蒂的恩賜,她總是樂於回報那些取悅過她的人。暢所欲言吧,我的朋友們,看看你們的見解能否讓我們找到一種方法,使幸運降臨到每個人身上。」

「太好了!越多越好!」隨著聽眾不斷增加,他們都熱情地支持這個建議。

於是,阿爾卡德接著說:「在開始今天的討論之前,讓我們先聽聽在座各位中,是否有誰曾和剛才那位織工有過類似的經歷,能夠輕易找到或獲得珍貴的財富或珠寶呢?」

眾人皆愕然,彼此對視,期待有人能出面回應。然而,並無人應答。

「什麼?竟然沒有人?」阿爾卡德有些驚訝,「這樣的好運氣實在是太罕見了。那麼現在誰能給我們一些建議,告訴我們如何繼續追尋好運呢?」

一位衣著華麗的青年起身發言：「就讓我先說幾句吧。當人們提及運氣，難道不會立刻聯想到賭桌上的情景嗎？我們常常見到許多人坐在賭桌旁，祈求幸運女神的垂青，希望自己能大獲全勝。」

當他坐下時，一個人大聲喊道：「別停下來！請繼續說下去！告訴我們，你是否在賭桌上祈求過幸運女神的眷顧？她是讓你的骰子全變成紅色，贏光莊家的錢，還是讓藍色面朝上，讓莊家拿走你辛苦賺來的銀子？」

眾人善意地大笑，年輕人也隨之大笑，回答道：「我毫不否認，幸運女神似乎完全忽視了我的存在。在場的各位呢？你們是否注意到她在那裡幫你們把骰子轉到你們想要的那一面？我們很想知道這種情況是否真有其事，也希望學習如何達成。」

「這個話題開始得又聰明又巧妙。」阿爾卡德說，「我們相聚在這裡，就是要考慮每個問題的所有方面。忽略賭桌上的事等於就是忽略絕大多數人的本性，畢竟我們都樂於以小博大，都寄希望於用一點點銀子就贏回來一大堆金子。」

「這使我回想起昨日的賽馬會。」聽眾中的某人說道，「若幸運女神經常流連於賭場，我相信她絕不會忽略賽馬會的。金色的戰車與全力奔馳的駿馬比賭桌更令人興奮和激動。坦

第四章　幸運女神降臨

誠地告訴我們吧,阿爾卡德,昨天幸運女神是否在您耳邊悄聲說要將賭注押在那些來自尼尼微的灰馬上?我昨天就站在您身後,當我聽到您下注那些灰馬贏時,我簡直不敢相信自己的耳朵。您和我們都清楚,在公平競爭的比賽中,從未有來自亞述的隊伍能擊敗我們的紅馬隊。」

「莫非是幸運女神暗中示意您下注那些灰馬?因為我們後來都目睹,在最後一圈時,內圈的黑馬突然失足跌倒,阻礙了我們的紅馬前行,致使那些灰馬意外且輕鬆地贏得了比賽。」

阿爾卡德被這個有趣的問題逗笑了,他大笑道:「你們為什麼認為幸運女神會對賽馬會的賭注感興趣呢?對我而言,幸運女神是仁慈且高尚的,她喜歡幫助那些需要幫助的人,也樂於獎勵那些值得獎勵的人。我並不希望在賭桌或賽馬會這類贏少輸多的地方找到她,反而希望在那些更值得做的事情上,在獲得更有價值的回報時看到她的出現。」

「當我們在耕作土地、誠實經商,或在各自的崗位上辛勤工作時,我們都有機會透過自身努力獲取報酬。雖然有時可能無法立即得到回報,因為判斷失誤或天災人禍會影響收成,但只要堅持不懈,最終會見到成果。因為獲利的機會總會眷顧那些努力不懈的人。」

「然而,當一個人坐在賭桌前,情勢便截然不同。勝利的機會總是與他作對,並且通常偏袒莊家。賭博的設計本質上是為了讓莊家獲勝。莊家的職責就是設法將賭徒的賭注收入囊中,從中獲取豐厚的利益。少有賭徒能夠意識到莊家獲勝是必然,而他們自己贏錢則是罕見的。」

「讓我舉個例子來說,就像擲骰子的遊戲。每次我們都根據骰子哪一面朝上來下注。如果是紅面朝上,莊家會支付我們四倍於賭注的錢,但如果是其他的五個面任何一個朝上,我們就會輸掉我們的賭注。這麼算起來,每次投擲我們有五次機會會輸,但由於紅面會有四倍賭注,我們也有四次機會可以贏。一晚上下來,莊家必然能夠獲得所有賭注的五分之一,也就是利潤。一個人能確定自己在必然會輸掉五分之一賭注的情況下,還能偶爾贏到更多的錢嗎?」

「然而,的確有人在那種情境中贏得過巨額財富。」一位聽眾插話道。

「確實有這樣的情況。」阿爾卡德繼續說,「但請注意,問題在於,以這種方式獲得的錢,能否給這些幸運的人帶來持久的價值?在我認識的人中,有不少是巴比倫的成功人士,但我找不到一個是以這種方式達到成功的。」

「在座諸位,想必你們認識的人比我多得多。我很想了

第四章　幸運女神降臨

解,有多少成功人士是靠著賭桌上的勝利開始他們的成功之旅的。若有人知道這樣的例子,不妨分享給大家聽聽。」

在經歷了長時間的沉默後,有人風趣地提問:「這是否包括賭場的莊家?」

「假如你認為再無他人,他們也可算作其中之一。」阿爾卡德回應道。不過,再沒有人回應他的提問。於是阿爾卡德繼續說:「若你們再無他人可提,何不談談你們自身?我們之中是否有位一直贏錢的贏家,猶豫著不願透露他的致富之道?」

他那一本正經卻又顯然帶有戲謔意味的提問引起了不小的騷動,大家都坐直了身子,笑聲四起。

「這麼說來,我們並未在幸運女神常現身的地方尋找她。」阿爾卡德繼續道,「因此,我們得換個地方找找。我們無法透過撿錢包找到她,也不會在賭桌上見到她。至於賽馬會,我得承認,我在那裡輸的錢遠多於贏的錢。」

「現在,讓我們來探討一下我們各自的職業和工作。在我們達成了一筆相當可觀的交易時,我們是否自然而然地認為那是我們辛勤工作應得的公正回報,而不是運氣的結果?我傾向於認為我們可能忽略了幸運女神的恩賜。或許她確實在暗中幫助了我們,但我們完全沒有意識到她的慷慨。有誰能進一步探討這個問題?」

一位年長的商人站起來，儀態端莊地整理他的白色長袍，說道：「尊敬的阿爾卡德，各位朋友，請允許我表達我的見解。正如您剛才所言，我們在各自事業上的成功，是透過努力奮鬥和充分發揮自身才能所取得的成果，那麼為什麼不探討那些原本可以給我們帶來巨大收益但卻與我們擦肩而過的成功機會呢？如果這些機會確實存在，它們必定是好運的絕佳例子，但因為它們未曾實現，我們無法將其視為公平的回報。我相信在座的很多人都有類似的經歷。」

「這是一個極具智慧的建議。」阿爾卡德表示贊同，「你們中間有誰曾經抓住過好運卻又讓它溜走？」

許多人紛紛舉手，其中也包括之前發言的那位商人。阿爾卡德示意他發言：「既然這個話題是由你提出的，我們很高興讓你率先發表意見。」

「我十分樂意為各位講述一個故事，」商人說道，「這個故事能徹底展示一個人能夠多麼幸運，以及他能多麼盲目，以至於讓到手的好運白白溜走，最終遭受重大損失並深感後悔。」

「許多年前，當我還是個年輕人，剛結婚並準備全力投入工作。有一天，我的父親突然來找我，熱切地建議我進行一項投資。他的一個好友的兒子發現，在巴比倫城牆外不遠處有一片廣袤的荒地，這片土地高於運河，無法引水灌溉。」

第四章　幸運女神降臨

「我父親友人的兒子正打算購買這片土地，並在此興建三座大型水車。這些水車將由牛隻驅動，從運河中汲取生命之水進行灌溉，使土地變得肥沃。待這些工作全部完成後，他計劃將這片土地分割成小塊，出售給城中的居民用來耕種。」

「我父親朋友的兒子缺乏足夠的資金來完成如此龐大的專案。與我相似，他也僅僅是一個收入有限的年輕人。他的父親也像我的父親一樣，有一大家子需要供養，儲蓄也不多。因此，他決定吸引一些人組成一個小團隊來參與這個計劃。這個團隊包括12個成員，每個人都必須有收入，並且同意將收入的十分之一投入這個計劃，直到這些土地全部整理好並開始出售。所有的投資者將根據他們的投資比例獲得相應的收益。」

「我的孩子，」父親對我說，「你已經長大成人，我最大的期盼是你能創造一份有價值的事業，這樣你才能贏得大家的尊重。我希望你能從你父親所犯的無知錯誤中學到教訓。」

「『這也是我極其期待的，父親。』我回應道。」

「『那麼，我建議你這樣做，進行那些我在你這個年紀應該進行的事。將你收入的十分之一用於一些有利可圖的投資，這部分收入以及它所產生的收益，能使你在我這個年紀

時，為自己累積相當可觀的財富。』」

「『父親，您的話語滿載智慧。我非常渴望變得富有。然而，我的所有收入都用於支付生活必需品，因此我對是否依照您的建議行事感到猶豫。我還年輕，時間還很充裕。』」

「『當年我和你同齡時也有過相同的想法，但你瞧，這麼多年過去了，我仍未曾啟動。』」

「『父親，我們所處的時代已經改變，我不會重蹈您的覆轍。』」

「『機會就在你眼前，我的孩子。這是引領你踏上財富之路的良機。我懇求你，不要錯過。明天去找我朋友的兒子吧，與他商討，把你收入的十分之一投資到他的計劃裡。明天就去！機會不等人！今天它還在，也許很快就不見了。所以，不要猶豫遲疑！』」

「儘管父親再三勸告，我依然猶豫不決。來自東方的商人帶來了許多華麗的長袍，那些長袍色彩斑斕，極為美觀，我和妻子都想為自己添置一件。如果我將收入的十分之一投入那個計劃，我們就無法享受這些夢寐以求的快樂了。我遲遲不願做出決定，最終錯失了這個機會，結果後悔莫及。那個計劃最終獲得的利潤遠超所有人的預期。這就是我的故事，充分展現了我是如何讓好運從手中悄然溜走的。」

第四章　幸運女神降臨

「從這個故事中,我們可以看出,幸運是如何在人們周圍等待,等待他們抓住機會。」一位來自沙漠、皮膚黝黑的人分享他的見解,他告訴大家:「財富的累積總有一個起點。這個起點可能只是人們從自己的收入中撥出的一點點金銀,作為最初的投資。我現在擁有許多牧群。我的畜牧事業始於我用一塊銀幣買到的一頭小牛犢,那時我還只是個孩子。這是我財富的開端,對我來說至關重要。」

「從開始建立個人財富的那一刻起,幸運便會隨之而來。對於任何人而言,這第一步至關重要,因為它將人們從僅僅依靠勞動賺錢,轉變為利用已賺取的資金進行再投資。那些年輕時就意識到這一點並付諸行動的人是幸運的,他們在財富累積方面的成功通常會超越那些稍晚起步的人,更不用說那些完全沒有起步的人,比如剛才這位商人的父親。」

「假如這位商人朋友在年輕時就把握住這一良機,如今他本應擁有更多世間的美好事物。而我們的織工朋友若當初能藉撿到錢袋的好運邁出第一步,那也會是他累積更多財富的開端。」

「感謝你。我也想分享一下我的觀點。」一位來自異國的陌生人站起來說,「我是敘利亞人,我不太熟悉你們的語言。我想用一個詞來形容剛才這位商人朋友。可能你們會覺得這個詞有些不太禮貌,但我還是想用這個詞來形容他。唉,我

不知道用你們的語言該怎麼說。所以,請各位告訴我,形容一個人總是推遲去做那些對他很有利的事情,在你們的語言裡應該怎麼說?」

「拖泥帶水。」有人回應他。

「就是它!」敘利亞人激動地喊道,揮舞著雙手,「當機會降臨時,他沒有及時抓住。他在那裡等待,說『我現在還有很多事情要做呢』。於是我對他說,那就再見吧,再見吧,機會不會等那些拖拖拉拉的人。幸運女神認為,如果一個人真正渴望好運,他就會迅速跟上。機會來臨時,應該立刻把握住,而不能像我們這位商人朋友一樣,拖延。」

眾人皆為之莞爾。商人隨即起身,恭敬地向眾人行禮,回應著大家的歡笑:「遠道而來的客人,請接受我的敬意,你毫不遲疑地一語道破了事實。」

「現在,我們來聽聽其他關於機遇的故事吧。有誰願意分享一些不同的經歷嗎?」阿爾卡德鼓勵大家踴躍參與討論。

「我願意。」一位身著紅色長袍的中年男子回答道,「我的職業是牲畜貿易,主要經營駱駝和馬匹的買賣,偶爾也涉及一些綿羊和山羊。我即將講述的這個故事,能夠真實地展現機會如何在某個夜晚不期而至。或許正因為我完全沒有預料到它的到來,所以才輕易地讓它溜走。事情究竟如何,還請各位評判。」

第四章　幸運女神降臨

「在某個傍晚，我結束了為期十天的駱駝採購之旅，回到了巴比倫。這次行程充滿了挫折，而當我發現城門已經關閉且上鎖，無法進入城內時，我感到非常憤怒。我的奴隸們在城外搭建了帳篷，準備在此過夜。我們剩下的食物已所剩無幾，水也耗盡了。就在這時，一位同樣被鎖在城門外的年長農夫朝我走來。」

「『尊敬的先生，』他對我說，『從您的裝束來看，我猜測您是一位商人。如果真是如此，我希望能將這群剛剛趕來的優質綿羊賣給您。唉，我的妻子病重，高燒不退，我需要儘快回去照顧她。如果您願意購買這些綿羊，我和我的奴隸就能騎上駱駝，立即啟程回家。』」

「夜色濃重，我無法辨識他的羊群，但從羊的叫聲中可判斷這是一個龐大的群體。我已經在尋找駱駝的過程中浪費了十天，毫無所獲，因此我樂意與他進行一番討價還價。他急於回家，於是提出了一個相當合理的價格。我欣然同意，因為我深知等到清晨城門開啟時，我的奴隸可以趕著這群羊進城，賣個好價錢。」

「價錢談妥後，我指示奴隸們點燃火把，這樣我們便能清點羊群的數量。農夫聲稱共有900隻羊。諸位，不用多言，你們也明白，在黑夜中清點一群又渴又累且四處亂竄的綿羊是多麼艱難，事實證明這根本是不可能完成的任務。因此，

我直接告訴農夫，必須等到天亮後清點羊群的數量才會支付款項。」

「『尊敬的先生，』他懇切地請求，『請先支付我三分之二的價款，這樣我便能儘快啟程。我會留下我最聰明且受過良好教育的奴隸，他可以幫助您在天亮後清點羊群的數量。他非常可靠，屆時您只需將餘款交給他帶回即可。』」

「然而，我堅持己見，表明若不點清羊群數目，絕不付款，並堅決拒絕當晚支付。次日清晨，出乎意料的情況發生了。當我尚未醒來時，城門已經打開。四位商人急匆匆地從城內跑出來尋找羊群，他們迫切希望以高價購買，因為城市被敵軍包圍，食物短缺。他們的出價是我談妥價格的三倍，農夫接受了這個價格，將羊群賣給了這些商人。我只能眼睜睜看著一筆巨大的利潤從我手中溜走。」

「這個故事不同尋常。」阿爾卡德評論道，「大家能從中領悟到什麼？」

「在我們敲定一筆交易後，立即付款無疑是最明智的選擇。」一位受人尊敬的鞍匠表示，「如果這筆交易是有利可圖的，你必須確保它不會因為你的優柔寡斷而受到影響，就像你要防止他人干擾一樣。要知道人心易變，唉，我不得不說，當我們做出正確決定時，常常會猶豫不決，反覆思量，而在做出錯誤決定時，卻往往一意孤行。當我們犯錯時，固

第四章　幸運女神降臨

執得要命；而在做正確的事時，卻猶豫不決，最終錯失良機。第一次的判斷往往是最好的判斷。但我也發現，在談成一筆賺錢的交易後，我常常難以堅持到底。因此，為了防止我的這個弱點，在這種情況下，我會果斷行動，立即支付一筆保證金，這樣可以避免因改變主意而很快後悔，也能讓好運牢牢掌握在自己手中。」

「感謝你！我也想分享一下我的見解。」那位敘利亞人再次起身發言，「這些故事聽起來都大同小異。每次即將到手的機會溜走，原因總是如出一轍。每次機遇降臨在那些猶豫不決的人身邊，為他們帶來一些極好的計劃，但他們總是徘徊不前，而不是果斷地說『現在是最佳時機，我立刻行動』。如此一來，又怎能取得成功呢？」

「我的朋友，你的這番話充滿智慧。」做牲口買賣的商人說道，「在這些故事中，好運消失的原因往往是因為辦事拖延。這種情況非常普遍。人皆有惰性。我們都渴望富有，但當機會來臨時，內心的懶惰常常以各種方式拖延，使我們錯失良機。在惰性的驅使下，我們成了自己的最大敵人。」

「這位敘利亞朋友的話語，在我年輕時並不完全理解其中的深意。起初，我誤以為是自己判斷力不佳，才錯失了那麼多賺錢的機會。隨後，我將原因歸結於自己固執的性格。最終，我才意識到，真正的根源在於我習慣性的不必要拖延，

當需要採取行動時，必須迅速且果斷。當這種壞習慣顯現時，我深感痛恨。就像一頭被強行拉上戰車的野驢，我感到極度痛苦，必須掙脫這個阻礙我成功的束縛。」

「感謝您。我有一個問題想請教您，商人先生。」敘利亞人說，「您穿著華麗的長袍，看起來不像那些窮人。您的言談舉止顯示出您是一位成功人士。請告訴我們，當拖延這個惡習在您耳邊低語時，您現在還會聽從它的召喚嗎？」

「就如這位交易牲口的朋友，我不得不承認，我一直在與拖延症抗爭。」商人答道，「對我來說，拖延就是我的敵人，它時刻伺機阻撓我的成功。我剛才講的故事，只是我因拖延而錯失良機的眾多故事之一。一旦意識到這一點，要克服它就變得不那麼困難了。沒有人會放任小偷搶走自己的糧食，也沒有人會讓競爭者搶走自己的客戶和收入。當我明白這種行為如同敵人，使我屢犯錯誤時，我決心克服它。因此，任何希望在巴比倫的豐富財富中分一杯羹的人，都必須先克服自己的懶惰。」

「您有何見解，阿爾卡德？身為巴比倫最富裕之人，眾人皆稱您為最幸運者。您是否認同我的觀點？——一個人若不徹底驅除內心的懶惰，便無法獲得真正的成功。」

阿爾卡德答道：「如你所言。在我漫長的歲月中，我目睹了一代又一代人的成長，他們在貿易、科學和學術的領域中

第四章　幸運女神降臨

勇敢前行，最終取得成功。機遇曾降臨在無數人的身上，有些人抓住了機會，為了實現心中最大的期望而堅持下去；但絕大多數人猶豫不決，錯失良機，最終被他人超越。」

阿爾卡德轉身對織工說：「你提議我們討論好運氣，現在讓我們聽聽你對此的見解吧。」

「對於幸運，我曾有過不同的見解。我曾認為幸運是指一個人毫不費力地獲得自己最渴望的東西。現在我明白，這種情況是不可能出現的。透過我們的討論，我了解到吸引幸運降臨到自己身上，善用機會是至關重要的。因此，在未來的日子裡，我會竭盡所能地把握出現在我面前的機遇。」

「你已經準確地掌握了我們討論的要點。」阿爾卡德說道，「我們已經觀察到，好運通常會伴隨著良機出現，而不會以其他形式呈現。我們這位商人朋友本來可以抓住幸運女神施予的機會，從而收穫好運。同樣地，我們這位牲口販子也能夠藉由好運完成那筆交易，並以高價轉售羊群。」

「我們為尋找吸引好運的方法進行了大量討論，我相信我們已經找到了這個方法。所有的故事都深刻說明了『好運隨機會而來』這個道理。這些關於好運的故事中還包含了一個真理，無論成功或失敗都不可否認，那就是：要想獲得好運，必須先抓住機會。」

「能夠把握機會的人,必然會得到幸運女神的垂青。幸運女神總是會助力那些博得她好感的人,行動力強的人最能贏得她的青睞。」

「行動將引領你走向夢寐以求的成功。」

「行動派往往會受到幸運女神的垂青。」

第四章　幸運女神降臨

第五章　獲得黃金的五條法則

第五章　獲得黃金的五條法則

「黃金只會停留在那些了解其法則並依照法則行事的人手中。」

「若要在一個裝滿沉重黃金的錢袋和一塊刻有至理名言的泥板之間做出選擇，你會選擇哪一個？」

在沙漠中，灌木叢旁，忽隱忽現的火光閃爍著。被沙漠無情的陽光晒得面孔黝黑的人們圍坐在篝火旁，他們對這個話題充滿興趣。

「黃金，毫無疑問是黃金！」27 人齊聲回應道。

提問的老卡拉巴布露出了會心的微笑。

他舉起手指向遠方，說：「聽啊，你們來聽聽遠處黑夜裡野狗的叫聲。牠們因為飢餓而嘶吼哀鳴。但是如果給牠們一些吃的，牠們會怎樣？牠們會互相撕扯，亂咬著打架，趾高氣揚、心滿意足地跑來跑去；然後又撕咬打架，趾高氣揚、心滿意足地跑來跑去。如此反覆，牠們絕不會為注定要到來的明天做半秒鐘的思考。」

「人類也是如此。若讓他們在黃金與智慧之間抉擇，他們會怎麼做？他們會忽視智慧，隨後揮霍黃金。次日，他們便哀嘆，因為黃金也已耗盡。」

「黃金只會停留在那些了解其法則並依循法則行事的人身邊。」

一陣寒風掠過，瘦弱的卡拉巴布將白袍裹得更緊，接著說道：

　　「一路上，你們忠誠地為我服務，細心照顧我的駱駝，在炎熱的沙漠中毫無怨言地跋涉，還發現並勇敢地與那些企圖搶奪我貨物的強盜搏鬥。因此，今晚我要告訴你們一個故事，有關黃金的五條法則，這個故事保證你們以前從未聽說過。」

　　「你們仔細聽，關注我所說的每一句話，若能領會其中的要義並牢記在心，未來你們必定會擁有大量的財富。」

　　卡拉巴布鄭重其事地停頓了一下。深藍色的天幕籠罩四野，巴比倫清澈的天空上群星閃爍。在他們身後，是被牢牢固定在地上的帳篷，足以抵抗沙漠中的強風。帳篷的旁邊是堆得整整齊齊的貨包，用獸皮蓋得嚴嚴實實。駱駝群就在附近，牠們躺在沙上，一些正在怡然自得地反芻，另一些則已經打起了呼嚕。

　　「你已經向我們講述了許多動聽的故事，卡拉巴布。」負責打包貨物的工頭說，「我們的工作即將完成，我們希望你的智慧能引領我們未來的生活。」

　　「我曾向你們敘述過我在遙遠異國的探險經歷，而今晚我要講述的是阿爾卡德的智慧，他既富有又睿智。」

第五章　獲得黃金的五條法則

「他的事蹟我們聽說了不少。」工頭坦言,「他是巴比倫歷史上最富有的人。」

「他無疑是巴比倫最富有的人,因為他精通獲取黃金的法門,沒有人能比他更了解這些。今天,我將與你們分享他的卓越智慧,這些智慧是多年以前他的兒子諾馬瑟在尼尼微告訴我的,那時我還年輕。」

「那一天,我與主人在諾馬瑟的府邸停留了許久,直至深夜。我幫助主人展示了一大批精美的地毯供諾馬瑟挑選,直到他選中了最合心意的顏色。最終,他非常滿意,邀請我們與他共坐,並分享一種罕見的葡萄酒。這美酒香氣撲鼻,飲後讓我感到胃中溫暖。要知道,我平時難得有機會享受到如此醇厚的美酒。」

「隨後,諾馬瑟向我們傳達了他父親阿爾卡德的卓越智慧,正如我當前向你們分享的那樣。」

「眾所周知,在巴比倫有一種習俗,根據慣例,富裕家庭的兒子通常與父母同住,以便將來繼承他們的財產。然而,阿爾卡德並不認同這種做法。因此,當諾馬瑟長大成人,並到了可以繼承家業的年齡時,他將這位年輕人召到面前,對他說:

「『孩子,我期望你能接掌家族事業,然而,你得先證明

自己具備管理這些產業的能力和智慧。所以，我希望你能出外一段時間，到各地歷練，向我展示你賺取財富的本領，並在世人面前樹立威信，贏得他人的尊重。』」

「『為了讓你有一個良好的起點，我會給你兩樣東西，當我從一個貧窮的青年開始累積財富時，我可沒有這兩樣東西在手。』」

「首先，我把這袋黃金交給你。若你能妥善運用，它將成為你未來成功的根基。」

「接著，我將這塊泥板交給你，上面刻有關於黃金的五條法則。如果你能透過自身行動來實踐這些法則，它們將賦予你獲取黃金的能力，並在財富的道路上保護你不受阻礙。」

「『自今日起算，十年後你重返此地，回到你父親的宅邸，向我匯報你的經歷。如果你能證明自己的能力，值得我將家業交付於你，那麼你將繼承我的產業。否則，我會將全部家業捐獻給祭司，以換取他們為我的靈魂祈求神靈的護佑。』」

「於是，諾馬瑟攜帶那袋黃金，用柔軟的布包裹好泥板，帶著一個奴隸，騎馬離家，開始了他自己的旅程。」

「十年過去了，諾馬瑟依照當初的約定，重返父親的家園。父親為他舉辦了一場盛大的宴會，邀請了眾多朋友和親

第五章　獲得黃金的五條法則

戚前來參加。宴會結束後，父親和母親坐在華麗的大廳一端，宛如御座般的座位上，諾馬瑟站在他們面前，履行當年的承諾，向父親總結這些年來的經歷和成就。」

「夜幕已經降臨，油燈發出微弱的光芒，燈芯燃燒所產生的煙霧瀰漫在整個房間。穿著白色短褂的僕人用長柄的大棕櫚葉有節奏地扇動著潮溼的空氣。整個場景顯得莊嚴而高貴。諾馬瑟的妻子和兩個年幼的兒子，連同其他的家人和朋友，都坐在他身後的地毯上，耐心而又急切地等待聆聽他這些年來的經歷。」

「『父親，』諾瑪瑟恭敬地對父親說，『我要向您的智慧表示敬意。十年前，當我剛剛成年的時候，您命令我離開家去做一個普通人，而不是留在家裡坐等成為您的財富的附庸。』」

「『您慷慨地賜予我您的黃金，並大方地分享了您的智慧。對於黃金，唉，我必須坦言我處理得非常糟糕。事實上，它從我這雙毫無經驗的手中溜走了，就如同一隻野兔從年輕獵人的第一次捕獵中逃脫。』」

「父親寬和地笑了笑，說道：『繼續講吧，我的孩子，我想了解你故事的每個細節。』」

「『我選擇前往尼尼微，一座蓬勃發展的城市，我深信那裡蘊藏著無限機遇。我參與了一支商隊，並在其中結識了許

多朋友。有兩位口才出眾的人,他們擁有一匹白馬,奔跑時如風般迅捷。』」

「在旅途中,他們私下告訴我,說在尼尼微有一位富人,他擁有一匹速度極快的馬,在每次比賽中從未嘗敗績。這位富人堅信,沒有任何一匹馬能超越他的神駒。因此,無論賭注多大,他都敢賭他的馬是全巴比倫最快的。我的這兩位朋友說,跟他們的白馬相比,富人的那匹馬只不過是頭蠢驢,白馬隨便跑跑就能輕易擊敗它。」

「他們慷慨地允許我參與他們的投注。我對這個計劃非常感興趣,立即投入了一大筆資金。」

「『結果,我們的白馬慘遭敗績,導致我損失了大量黃金。』聽到這個結果,父親阿爾卡德笑了起來,似乎早已預見到這一幕。諾馬瑟繼續道:『後來我才明白,這其實是那兩人精心策劃的騙局。他們經常加入不同的商隊,尋找機會下手。尼尼微的那位富人實際上是他們的同夥,騙局成功後,他們瓜分了所得。這次上當的經歷,成為我闖蕩世界的第一課。』」

「不久後,我再度經歷了一次痛苦的教訓,情況與之前相似。在商隊中,有一位年輕人是我的好友。他和我一樣,都是出身富裕家庭,來到尼尼微是為了尋找合適的商機。我們抵達尼尼微不久,他告訴我城中有一位商人去世,留下了一

第五章　獲得黃金的五條法則

家貨物豐富且顧客眾多的店舖，只需少量資金就能買下。他提議我們各出一半資金經營這家店，但他必須先回巴比倫籌錢。他說服我先用自己的錢購買這家店，後續的經營開銷由他來負責。」

「然而，他一再拖延返回巴比倫的時間，遲遲不肯啟程。這也顯示了他是一個輕率的買家，同時也是一個愚蠢的紈褲子弟。最終，我停止了與他的合作，但此時我的生意已經惡化到了極其糟糕的境地，店裡只剩下一些賣不出去的商品，而我也沒有金子去購買更多的貨物。最後，我不得不以極低的價格將這些商品賣給了一個以色列人。」

「父親，我必須告訴您，在未來的日子裡，我的境遇極其淒慘。我努力尋找工作，但一無所獲，因為我從未涉足商業領域，也缺乏任何職業訓練，無法找到賺錢的途徑。因此，我賣掉了我的馬匹、奴隸，甚至多餘的長袍，因為我需要食物充飢和一個安身之所。然而，我依然每日衣食匱乏，生活日益艱難。」

「然而，在那些困難的日子裡，我想起了您對我的信任，我的父親。您激勵我離開家，推動我前進，希望我成為一個真正的男人，我也決心一定要達成這個目標。」

「母親聽聞兒子悽慘的境遇，掩面而泣，悄然流淚。」

「在那一刻，我憶起您所贈予的泥板，上面篆刻著五條黃金法則。於是我細讀了您的智慧之言，驀然明白，倘若我能早些領悟這些智慧，或許我的黃金不會流失。我用心研習每一條法則，並決意若幸運女神再次垂青於我，我必將以長者的智慧引導行動，而非以年輕人的魯莽和無知。」

「今晚在座的各位好，我將朗讀父親十年前刻在泥板上的智慧之言：

黃金的五條法則

1. 假如某人願意將自己收入的至少十分之一存起來，為未來累積財富，以照顧家庭，那麼黃金將會樂於向他靠攏，並且迅速增值。
2. 假如某人能透過一些能產生附加價值的方式來獲取黃金，黃金便會勤勉且高效地為其服務，並且如牧群般成倍繁衍。
3. 對已經獲得的黃金，務必妥善保護，並聽從資產管理專家的建議，謹慎投資。
4. 倘若涉足自身不熟悉的領域進行投資，或在專家不看好的情況下投入資金，黃金將從手中流失。
5. 若強行以黃金追求不可能的收益，或輕信騙子和陰謀家的誘惑，亦或自以為是地進行不切實際的投資，黃金便會損失殆盡，無法挽回。」

第五章　獲得黃金的五條法則

「『這就是我父親的五條黃金法則。我認為這比黃金本身更有價值。接下來，我將繼續講述我的故事，以我的親身經歷來證明這一點。』」

「諾馬瑟再度面對父親，對他說：『我剛才已經向您訴說了因為我的無知而引發的貧困與絕望。』」

「然而，這種不幸終究會有結束的一天。最終，我的苦難時光結束了。我找到了一份工作，負責管理一群修建尼尼微外圍新城牆的奴隸。」

「憑藉從第一條法則中汲取的智慧，我在第一次收入中存下了一個銅幣，並把握每一個儲蓄的機會，逐漸將存款從一個銅幣累積到一個銀幣。這個過程極其緩慢，因為生活開銷使我每次能存下的錢不多。我承認，由於決心在這十年內至少賺回您給我的那袋黃金，所以我對花錢總是有所顧忌。」

「有一天，當這些奴隸的主人與我交談時，我們之間的交情已經相當不錯。他問我：『你是一個非常節儉的年輕人，從不揮霍錢財。可是你只是把你的金子存起來，而不利用它來賺取更多的錢嗎？』」

「『是的。』我答道，『我最渴望的事，就是賺回那袋我父親給予、但被我揮霍掉的黃金。』」

「『這是一項非常有意義的追求，我十分贊同你的行動。

然而，你是否意識到，這些積蓄的黃金其實能夠為你帶來更多的財富？』」

「『唉，我曾經歷過極其悲慘的事件，導致我失去了父親留給我的那些黃金，如今我非常擔心自己積存的這些錢也會遭遇同樣的命運。』」

「『若你能對我抱以信任，我將教你如何利用這些黃金來賺取利潤。』他對我說，『這些外牆將在一年內完工，屆時每個城牆出入口都會安裝高大厚實的青銅城門，用以防禦敵軍的入侵。整個尼尼微的金屬儲備不足以製造這些城門，國王一籌莫展，尚未找到足夠的材料。我有一個計劃，我們可以召集一批人，將黃金集資，組織一支商隊前往遠方的銅礦和錫礦，將這些製造城門所需的金屬運回來。等國王下令鑄造城門時，我們便可獨家供應這些金屬，國王定會高價收購。即便國王不從我們這裡購買，我們依然持有這些金屬，並可在市場上以合理公平的價格出售。』」

「他提出的建議讓我意識到，這正是一次在經驗豐富且智慧卓著的專家指導下進行投資的良機。結果不負所望，我們的合作圓滿成功，金屬交易順利完成，我那一小筆黃金也大幅增值。」

「我在適當的時機加入了這個合作團隊，成為他們的固定成員，並且還與他們共同投資了其他業務。這些人擅長利用

第五章　獲得黃金的五條法則

他們的黃金進行投資，以獲取更高的利潤。在每一次的交易之前，他們都進行詳細的討論，精心的計劃，周密的準備，絕不會讓自己的資金遭受損失，也不會將資金投入到無法獲利的項目中，從而導致黃金無法回收。像我以前由於缺乏經驗而做過的賽馬和合夥經商那種愚蠢行為，他們根本不會去考慮，因為他們能夠一眼識別出要害和缺陷。」

「與這些人的合作讓我掌握了如何安全而有回報地投資我的黃金。隨著時間推移，我的財富迅速增長，不僅彌補了之前的損失，還額外賺取了更多。」

「經歷了種種不幸，並透過不斷的嘗試，最終我取得了成功。這些經歷再三驗證了父親傳授給我的五條法則的智慧，每一次都證明它們是正確且不可辯駁的真理。未掌握這五條法則的人，他的財富必定來得不多，而且去得很快。而那些遵循這五條法則的人，黃金會源源不斷地進入他們的口袋，並像忠誠的僕人一樣為他們效力。」

「說到這裡，諾馬瑟停頓片刻，向房間後方的一名僕人打了個手勢。僕人分三趟把三個沉重的皮袋搬到前方。諾馬瑟將其中一個放在父親面前的地上，然後對他說：

「『您曾經給予我一袋來自巴比倫的黃金。如今，我回贈您一袋等重的尼尼微黃金。這是一筆公平的交易，相信大家都不會有異議。』」

「『您曾賜予我一塊充滿智慧的泥板,今日我以兩袋黃金奉還。』諾馬瑟從僕人手中接過另外兩袋,並將它們放在父親面前的地上。『父親,我以此證明,我對您的智慧的重視遠勝於黃金。黃金的價值人人皆知,但智慧的價值誰能估量?沒有智慧,擁有黃金的人很快會失去它們;而一旦擁有智慧,即便當時沒有黃金,人們也會迅速獲得。這三袋黃金正是證明。

「敬愛的父親,我在此鄭重告訴您,正是您的智慧讓我變得富有,並贏得了大家的尊敬,這使我感到非常滿足。」

「父親阿爾卡德溫柔地撫摸著諾馬瑟的頭頂,說道:『你已經很出色地掌握了這些智慧。我真幸運擁有你這樣的兒子,我會把我的產業交給你管理。』」

卡拉巴布敘述完他的故事,停頓下來,細心觀察周圍的聽眾。

「從諾馬瑟的故事中,你們獲得了哪些啟示?」他詢問道,「你們之中誰能向父親或岳父展示你們悉心經營所得來的財富?」

「你們告訴他們:『我曾遊歷四方,學習了許多知識,透過辛勤工作賺取了不少金錢。然而,儘管如此,積蓄的黃金依然屈指可數。有些錢花在了重要的事情上,有些則浪費在了愚蠢且不必要的開銷上,還有更多的錢在不經意間不知不

第五章　獲得黃金的五條法則

覺地花了出去。』當那些德高望重的長輩聽到你們這番話，他們會作何感想？」

「有些人富可敵國，而有些人則貧困潦倒，你還認為這是命運的不公嗎？你錯了。」

「只要遵循五條黃金法則，並依照其指示行事，便定能獲得豐厚的財富。」

「正因為我在年輕時便領悟了這五條法則，並且始終遵循它們，我才得以成為一位富有的商人。我的財富並非源自任何奇異的魔法。」

「財富來得迅速，消失得也迅疾。」

「財富能夠長久地伴隨你，並為你帶來快樂和滿足，這是一個持續且漫長的過程，而非一朝一夕即可達成。它是智慧累積與不懈努力的結晶。」

「對於擅長思考的人而言，累積財富僅是他身上微不足道的負擔。年復一年地堅持背負這微小的負擔，最終勢必能夠成就偉業。」

「依照這五條獲取黃金的法則行事，定會為你帶來豐厚的回報。」

「這每一條法則都包涵著深遠的意義。我所講述的這個故事非常簡短，擔心你們會忽略其真正的含義，因此我將再次

向你們重申這五條法則。我在年輕時便意識到它們的價值，逐字逐句地學習、理解並實踐，直到爛熟於心才覺滿意。如今我已經將這些法則深深地銘刻在心中。」

「第一條法則：若有人願意將其收入的十分之一以上存起來，為未來累積財富以照顧家人，那麼黃金將樂於為他效勞，並且迅速增長。」

「任何人只要持之以恆地將其收入的十分之一存下來，並進行理智的投資，必定能夠累積一筆可觀的財富。這些財富將來會為他帶來收入，並且在他去世後為其家人提供額外的生活保障。這條法則表明，黃金樂於流入這類人的口袋。我的人生經歷也充分證明了這一點。累積得越多，黃金來得越快，數量的增長也就越顯著。累積的黃金賺取的收益越多，如你所願，錢生錢，利滾利，這些錢能為你再度賺取的收益也就會越多。這就是第一條法則的精髓所在。」

「第二條法則：假如一個人能以某些具增值潛力的方法賺取黃金，黃金便會勤奮且高效地為他工作，並如牧群般成倍繁殖。」

「黃金確實是一個勤奮的勞動者。當機會來臨時，它渴望為你增加財富。對於每一個擁有少量財富的人來說，機會通常在這些財富被最有效地利用時出現。隨著時間的推移，財富會以驚人的方式不斷增值。」

第五章　獲得黃金的五條法則

「第三條法則：對於已經獲得的黃金，務必妥善保護，聆聽擅長管理資產者的建議，謹慎進行投資。」

「事實上，黃金偏愛那些謹慎的主人，對於漫不經心的人，它會迅速溜走。那些向理財專家尋求建議和幫助的人，能夠從專業的建議中迅速學習如何保護並妥善持有自己的財富，最終使其持續增長，從而獲得擁有財富的快樂。」

「第四條法則：涉足自己不了解的領域，或在專業人士不看好的情況下進行投資，黃金將從手中流失。」

「對於那些擁有黃金但不善於管理的人而言，他們似乎能透過黃金賺錢，但實際上大多數時候都存在虧損的風險。從內行人的角度看，這些情況甚至根本不可能盈利。因此，若一個毫無經驗的黃金持有者僅憑自己的判斷貿然進入一個陌生的領域進行投資，他大多數情況下會發現自己的判斷有誤，並因此付出代價，遭受金錢損失。向精通此道的專家尋求投資建議，並按照他們的建議行事，這種做法無疑是明智之舉。」

「第五條法則：強行使用黃金以追求不可能的回報，或聽信騙子和陰謀家的誘惑，亦或自以為是地進行不切實際的投資，黃金將會蒙受損失，並且一去不復返。」

「那些初次獲得黃金的人往往會產生一些奇特的念頭，這些念頭如同冒險故事般讓他們著迷不已。這些想法彷彿賦予

財產某種神奇力量，能夠創造出驚人的收入。然而，請注意智者對此的看法，他們深諳每個能讓人迅速致富的計畫背後都潛藏著巨大的風險。」

「切記那些尼尼微的富豪，他們絕對不會讓自己的資金面臨風險導致損失，更不會讓資金陷入無法獲利的投資。」

卡拉巴布告訴他的隨從們：

「黃金五大法則的故事已經闡述完畢。在敘述故事的過程中，我也將個人成功的祕訣傳授給了各位。」

「然而，這些並非隱祕，而是事實。對於那些希望擺脫每日生計壓力的人們，只要學會理解並遵循這些法則，就不必像沙漠中的野狗一樣，過著今日不知明日的渾噩生活了。」

「明日我們將踏入巴比倫城。瞧！瞧那貝爾神廟頂端永恆燃燒的火焰！我們已經見到那座布滿黃金的城市。明天你們每一位將獲得黃金，這是你們忠誠服務的回報。」

「從今夜起，十年之後，你們會如何描述這些黃金？」

「倘若你們之中有人如同諾馬瑟，藉助這筆黃金展開個人事業，並且明智地依循阿爾卡德的智慧法則，未來十年像阿爾卡德的兒子那樣，進行一場穩妥的財富遊戲，最終你們必將變得富有，並且贏得大家的尊敬。」

「在我們的一生中，理智的行動能滿足我們的需求，助

第五章　獲得黃金的五條法則

我們取得成功。相反,愚蠢的行為則會帶來痛苦,使我們遭受損失。這些痛苦永難忘記。回想起那些本應屬於我們的機會,卻被輕易地放過,這痛苦無疑是對我們最大的折磨,讓我們後悔終生。」

「財富即是巴比倫的珍寶。巴比倫人擁有的財富之豐,無法用金錢來計算。每一年他們都更加富裕,財產也變得更有價值。就像每一片土地上的財富一樣,它們會有回報,等待那些懷著明確目標和堅定決心來分享財富的人們以豐厚的回報。」

「你的渴望乃是一股神奇的力量。以黃金五律來引導這股力量,你將享受巴比倫無盡的財富。」

第六章　巴比倫的放貸者

第六章　巴比倫的放貸者

「我期望我閒置的黃金也能替我效勞，為我賺取更多的黃金。我不願冒險使用我辛苦賺取且悉心保護的黃金。」

50枚金幣！巴比倫的矛匠羅丹從未有過這麼多的財富。剛剛拜見過睿智的國王後，羅丹從宮殿出來，滿心歡喜地在大道上昂首闊步。他腰間的錢袋裡裝滿了金幣，每走一步都發出愉快的叮噹聲，這是他從未聽過的美妙旋律。

50枚金幣！全是他的！羅丹簡直無法相信自己的運氣竟然這麼好。這些叮叮咚咚的聲音裡究竟隱藏著什麼力量？這些金子能買到他夢寐以求的一切——華麗的宅邸，一片土地，一群牛群，一群駱駝，許多駿馬，豪華的馬車，只要是他想要的，什麼都能買到。

用這些金幣來做些什麼呢？這個晚上，當羅丹走在通往他姊姊家的小巷中時，他的腦海裡全是那些閃閃發光、沉甸甸的金幣，除此之外什麼都不想，只要擁有這些金幣他就覺得心滿意足了——而這些金幣全都是他的。

幾日後的傍晚，羅丹滿腹心事地踏入馬松的店鋪。馬松既是放債人，又經營珠寶和高級紡織品。羅丹對店內琳瑯滿目的商品視若無睹，徑直穿過店鋪來到後方的起居室。他見馬松優雅地坐在地毯上，一名黑奴正伺候他進餐。

「我不知所措，我需要和你談談。」羅丹對馬松說。他

愣愣地站在那裡，雙腿分開，皮外套敞開，露出毛茸茸的胸膛。

馬松消瘦微黃的臉上綻放出和藹的笑容，向羅丹問候道：「究竟是做了什麼衝動的事，讓你不得不來找我這個放債人？是賭運不佳輸了錢，還是有什麼胖女人纏上你？我認識你這麼多年了，你從來沒有在困難時向我求助過。」

「不，不，不是這些事情。我不是來向你借錢的，而是希望能從你那裡獲得一些智慧的忠告。」

「聽聽，聽聽！你到底在說些什麼。沒有人會向放債人請教意見的。我一定是聽錯了。」

「你的確沒聽錯。」

「真是如此嗎？那個看起來比其他人都聰明的矛匠羅丹來找馬松，不是為了借錢，而是為了尋求建議。許多人來找我是為了借錢，以償還他們因愚蠢行為而欠下的債務，他們從不會為了尋求建議來找我。然而，對於那些陷入困境的人而言，又有誰比放債人更適合給他們提供建議呢？」

「你坐下來和我一起進餐吧，羅丹。」馬松繼續說道，「今晚你將是我的貴賓。」他轉身對他的黑奴下令：「安多！給我的朋友矛匠羅丹拿一條毯子，他是來尋求忠告的，今晚他將是我最尊貴的客人。再多拿些食物來，把我最大的酒杯給

第六章　巴比倫的放貸者

他,取出我最好的葡萄酒,讓他盡情享用。」

一切安排妥當後,馬松對羅丹說:「現在你可以告訴我你到底遇到了什麼難題。」

「國王的禮物讓我深感困擾。」

「國王的賞賜?國王贈予你一件禮物,而這禮物竟使你困惑?究竟是什麼樣的禮物呢?」

「我將為皇家衛隊設計的全新長矛呈交給國王,陛下對此極為讚賞,並賞賜了我50枚金幣,然而這份賞賜卻讓我深感困惑。」

「自太陽升起之時至其落下之刻,每天每小時皆有人懇求我與他們共分享這些黃金。」

「這種現象再正常不過。渴望黃金的人數遠遠超過擁有黃金的人,他們都希望那些擁有黃金的人能輕易地分給自己一些金子。你能拒絕他們嗎?你的態度能像你的拳頭一樣堅硬嗎?」

「有時候對某些人我能說不,但有時候說『好』反而更簡單。有人能夠拒絕與他親愛的姊姊分享財富嗎?」

「毫無疑問,你的姊姊同樣不會想要剝奪你享受獎勵的樂趣。」

「然而,她這麼做是為了她的丈夫阿拉曼,希望他能成

為一名富裕的商人。我的姊姊認為阿拉曼從未遇到過什麼機會，她請求我將金幣借給他進行商業投資，這樣他便有可能成為一名成功的商人，並且賺取的錢可以還給我。」

「我的朋友，」馬松說，「我們應該仔細探討這件事。黃金賦予擁有者責任感，並改變其地位。它也帶來恐懼，使人害怕失去黃金或被騙走。黃金讓人有能力行善，但同時也可能因善舉而陷入困境。」

「你是否曾聽說過？尼尼微有一位農夫能夠理解動物的語言。我猜你應該不曾聽聞，這並不是人們在青銅鍛造坊裡喜歡談論的話題。我將向你敘述這個故事，讓你理解借貸並非只是將黃金從一人之手轉交到另一人之手這麼簡單。

「這位能夠理解動物語言的農夫，每天晚上都會在他的農場裡徘徊，想聽聽他飼養的動物們在談論些什麼。某日傍晚，他聽見一頭公牛對一隻驢子訴苦，抱怨自己的悲慘命運：『我每天從早到晚辛勤地拉犁耕田，無論天氣多麼酷熱，無論我的腿多麼疲憊，無論犁弓如何磨破我的皮膚，我都必須繼續工作。你倒是過得輕鬆，只需披上五顏六色的毯子，讓主人騎著你去他想去的地方。如果他哪兒也不去，你就能舒舒服服地吃著青草休息一整天。』」

「驢子雖然並非善類，但牠仍是一位熱心的朋友，且對公牛的境遇深表同情。『我親愛的朋友，』牠對公牛說道，

第六章　巴比倫的放貸者

『你確實工作得非常辛苦,我願意幫助你減輕負擔。因此,我會教你如何爭取一天的休息時間。當早上奴隸過來給你套犁時,你就躺在地上,發出痛苦的低吼,這樣他就會以為你生病了,無法工作。』」

「公牛聽取了驢子的建議,翌日清晨依樣畫葫蘆,果然,奴隸告訴農夫公牛生病,無法耕地。」

「『那麼,就把犁套在驢子身上,讓牠代替牛來耕作吧。』農夫提議。」

「於是,懷著幫助朋友的單純心願,驢子發現自己竟然一整天都在替公牛工作。天色已晚,驢子身上的犁才被卸下,牠心中滿是痛苦,四肢痠痛,頸部也被犁弓磨得疼痛難忍。」

「農夫再次來到場院,留意此刻牠們在談論些什麼。」

「公牛率先開口:『你確實是我的摯友,因你那充滿智慧的建議,我才得以悠閒地度過一天。』」

「驢子反駁道:『可是,我像那些單純的人一樣,只想幫助朋友,結果卻累得自己做完朋友的工作。從今以後,你還是拉你的犁去吧,因為我聽主人對奴隸說,如果你再生病,就把你送到屠夫那裡去。我真希望他這麼做,因為你是個懶惰的傢伙。』自此之後,牠們再也沒有互相交談,驢和牛的

友誼就此結束。羅丹，你能從這個故事中學到什麼教訓？」

「這故事不錯，」羅丹回應道，「但我看不出有什麼啟示。」

「我同樣認為你未必能察覺其中的教訓。然而，它明顯存在。那便是：若你希望援助朋友，請採取一種不會讓自己受累的方式，不要將他的重擔轉移到自己身上。」

「這一點倒是我未曾想到的，這是一個相當睿智的見解。我並不願意將我姊夫的負擔轉移到自己身上。不過，請告訴我，你借出這麼多錢，是否有人未曾歸還？」

馬松笑了，顯露出一種了然於心、經驗豐富的神情：「如果借款無法償還債務，那麼這次借貸還能算是成功嗎？若是放債人不夠精明，便無法仔細評估他的資金能否物盡其用，借出去的錢能否順利收回。或者，借出的金子可能會被那些無法妥善利用的人浪費殆盡，最終導致無法償還借款。我給你看看我箱子裡的一些抵押物，讓它們來述說它們的故事吧。」

馬松從房間裡取出了一個箱子，這箱子與他的手臂同長，覆蓋著一層紅色豬皮，還鑲嵌著一些青銅的紋飾。他將箱子置於地面，蹲下身來，雙手按在箱蓋上。

「凡是向我借款的人，我都要求他們提供一個抵押物作為

第六章　巴比倫的放貸者

擔保,這些抵押物我全都存放在這個箱子裡,直到他們還清欠款為止。當他們償還完所有欠款後,我會將抵押物歸還給他們,若他們未能償還,這些抵押物就會提醒我這些人不值得信任。」

「這個裝滿抵押品的箱子向我揭示,最穩妥的借貸方式莫過於借給那些擁有財產價值超過借款數額的人。他們擁有土地、珠寶、駱駝或其他資產,即使無法償還,也可以變賣這些財產來清償債務。有些作為抵押物的珠寶,其價值甚至超過了借款數額。還有一些抵押物,其主人已簽署協議,若無法按期償還債務,這些抵押物將歸我所有以抵債。這類借貸使我確信,我借出的黃金一定能連本帶利收回,因為它是建立在財產基礎之上的。」

「還有一類人,他們具備賺錢的能力。他們如你一般,透過辛勤工作或提供服務來獲得報酬。他們有穩定的收入,只要他們誠實可信,且未遭遇不幸,我同樣相信他們能償還所欠的本金和利息。這種借貸是基於個人信用。」

「剩下的就是那些既無資產基礎,也缺乏賺錢能力的人。生活艱難,總有一些人無法調整自己以適應這種情況。對於這些人,即使我借給他們的金額很小,我的抵押箱仍會責怪我,除非他們能夠得到深知他們信用情況的朋友的擔保。」

馬鬆解開箱子的扣環,揭開箱蓋。羅丹好奇地湊近箱

子，探頭查看。

　　箱子的頂層，擺放著一件覆蓋紅布的青銅頸飾。馬松拿起這件頸飾，深情地撫摸著。「這件抵押物將一直保存在我的箱子裡，因為它的主人已經去世。我將這件抵押物視若珍寶，珍藏著對他的回憶，因為他是我的摯友。我們曾經一起經商，並且取得了巨大的成功。後來他結婚了，娶了一位從東方帶回來的女子，那女子美麗非凡，風姿與我們本地女人截然不同，簡直光彩奪目。為了討她歡心，我的朋友揮霍無度，滿足她的一切需求。最終，他花光了所有的錢，窘迫地來找我。我勸了他很久，告訴他我會幫助他重新創業。他以偉大的神牛的名義起誓一定會重振旗鼓，但結果卻事與願違。在一次激烈的爭吵後，他的妻子用匕首刺穿了他的心臟。」

　　「後來那位女子怎樣了？」羅丹詢問道。

　　「不言而喻，這塊紅布屬於她。」馬松將紅布拿起，「在極度的自責中，她投身於幼發拉底河，結束了自己的生命。這兩件抵押物將永遠無法歸還給原主。羅丹，這個箱子告訴你，借錢給那些處於痛苦情緒中的人是極具風險的。」

　　「瞧這個！這件物品與眾不同。」馬松舉起一枚牛骨戒指，「這屬於一位農夫。我從他妻子那裡購買地毯。由於遭受蝗災，他們沒有食物。我幫助了他，借給他一筆錢度過難

第六章　巴比倫的放貸者

關，等到他新種的莊稼收割後，他便還清了債務。不久後，他再次來找我，告訴我一位旅行者告知他在遠方有一種奇特的山羊，這些山羊的羊毛纖細柔軟，用這些羊毛能織出巴比倫從未見過的美麗地毯。他想購買一群這樣的山羊來養，但他沒有錢。於是我借給他一些黃金，使他能夠遠行購買這些山羊，現在他已經開始養殖這些山羊了。到明年，我便能讓巴比倫的貴族們驚嘆不已，用這些羊毛織出的最精緻昂貴的地毯，過去即使是貴族也得靠運氣才能買到。不久我就會將這枚戒指還給農夫，因為他保證很快能還清欠款。」

「借款後能如期償還嗎？」羅丹詢問道。

「倘若他們借錢是為了盈利，我相信他們會按時償還。但若他們借錢只是為了一些草率且不切實際的目的，那麼我建議你要慎重，因為你借出的黃金可能永遠無法收回。」

羅丹從箱中取出一隻金手鐲，手鐲設計精緻，鑲嵌滿了寶石，手感沉甸甸的。他對馬松說：「告訴我這個手鐲的來歷吧。」

「女性對你仍然更具吸引力，我的好友。」馬松戲謔地說。

「與你相比，我差得遠呢。」羅丹回應道。

「這一點我認同。然而，這次情況並非你所想的那樣浪

漫。這個手鐲的主人是一位滿臉皺紋的胖女人，總是喋喋不休地說些無關緊要的話，讓我幾乎快要崩潰。她家以前很富有，也是我的重要客戶，但後來家道中落，日子變得艱難。她有一個兒子，她滿心希望他能成為一名商人，於是向我借了一筆黃金，好讓兒子成為一個商隊主人的合夥人，在各個城市間進行商業貿易。」

「出人意料的是，這個商隊的主人竟然是個無賴。趁著她兒子熟睡之際，他將其獨自遺棄在一個遙遠的城市，年輕人舉目無親，身無分文。或許等這個孩子真正長大成人後，他會償還她母親從我這裡借走的錢吧，反正目前我無法收回任何利息——除了更多的抱怨。然而我必須承認，她抵押在我這裡的珠寶，比她借走的黃金更為值錢。」

「這位夫人沒有向你諮詢一些關於借貸的建議嗎？」

「完全沒有。她堅信自己的兒子將成為巴比倫的富豪，任何不同意見都會激怒她，我就因為這樣被她大罵了一頓。我明白把錢借給一個毫無經驗的年輕人做生意風險很大，但有她這麼強力的擔保，我無法拒絕。」

「這物件屬於駱駝商人內巴圖。」馬松輕搖著一捆打結的繩索，說道，「他打算購買一群駱駝，但當時手頭資金不足，便以這捆繩子作為抵押，向我借了一筆錢。我對他的精

第六章　巴比倫的放貸者

明判斷力深信不疑，因此毫不猶豫地借款給他。還有許多巴比倫的商人也值得我的信任，因為他們誠實可靠。他們的抵押物通常不會在我的箱子裡停留太久，很快就會被取回。優秀的商人是我們城邦的財富，他們維持了貿易的順暢，促進了巴比倫的繁榮。我在這方面所提供的幫助也發揮了不少作用。」

馬松撿起一隻由綠松石雕刻的甲蟲，輕蔑地將其拋到地板上，說道：「這是一隻來自埃及的小蟲子。那個擁有它的年輕人根本不在乎我是否能收回借給他的黃金，當我去指責他時，他回答說：『我現在正倒楣呢，怎麼還錢給你？你不是還有很多錢嗎？』到了這地步我還能怎麼辦？這個抵押物是他父親的，那是一位非常受人尊敬的父親，他小有資產，將自己所有的土地和牧群都拿來作擔保，以支持他兒子的事業。這個年輕人起初取得了一些成功，但他太急於求成，總希望獲得更大的財富，而他的經驗和能力都不足，最後生意也就失敗了。」

「年輕人總是懷抱雄心壯志，然而，他們往往目光短淺，試圖透過走捷徑來獲取財富和其他他們渴望的事物。為了迅速致富，年輕人經常隨意向他人借錢，卻缺乏經驗，未意識到無法償還的債務如同無底深淵，能迅速讓他們陷入困境，

爬出這個深淵需要長時間的掙扎，且可能徒勞無功。這是一個痛苦和懊悔的深淵，讓他們夜不能寐。然而，我並非反對年輕人借錢，事實上，我鼓勵這種行為。我只是建議借錢應基於明確而理智的目的。我個人第一次真正的成功，就是靠著借來的黃金做生意而實現的。」

「然而，面對這種情況，我們這些放債人該如何處置呢？那位陷入絕望的年輕人一無所成，心灰意冷，對償還債務毫無作為。我又不忍奪走他父親的土地和牲畜。」

「你告訴了我許多事情，我很高興聽到這些。」羅丹說，「但是你還沒有回答我的問題。我應該把我的 50 個金幣借給我姊夫嗎？這些金幣對我來說非常重要。」

「你的姊姊是一位值得尊敬的女性。若是她的丈夫前來向我借五十枚金幣，我會詢問他的用途。」

「假如他說他希望成為像我一樣的商人，從事珠寶和裝飾品的買賣，我會問他：『你在這方面有多少經驗和知識？你知道在哪裡可以以最低價格進貨嗎？你知道在哪裡可以賣出高價嗎？』他能夠肯定地回答這些問題嗎？」

「不，我認為他無法回答。」羅丹坦言，「他確實在製作矛的過程中幫了我不少忙，也曾在一些商店工作過，但對於你提到的這些事，我覺得他所知甚少。」

第六章　巴比倫的放貸者

「那麼我便會告訴他：『你的目標並不明智。』作為一名商人，必須對自己的行業有深刻的了解，他的雄心雖然值得讚揚，但卻不現實，我不會借給他一分黃金。」

「然而，假如他回答道：『是的，我曾替許多商人工作。我知道可以在士麥那以低價收購家庭婦女織的地毯，並且清楚巴比倫有很多富人願意花大價錢購買這些地毯。我可以將這些地毯賣給他們，賺取豐厚的利潤。』那麼我會對他說：『你的目標明確且合理，壯志可嘉。如果你能提供一些抵押物作為擔保，以確保我能順利收回借款，我將非常樂意借給你50個金幣。』但他可能會說：『我沒有抵押物，但我可以用我的信譽作擔保，保證按時連本帶利歸還欠款。』此時我會告訴他：『我珍視我的每一枚金幣。強盜會不會在你去士麥那的路上搶走這些金幣？又或者在你回來的路上搶走你購進的地毯？那樣你就無法還錢給我了，我的黃金也將有去無回。』」

「羅丹，你瞧，黃金乃是放債人的資產，它們極易被借出。如果不謹慎地隨意出借，便有可能難以收回。精明的放債人不願冒險借款，他們希望看到有保障的安全借貸。」

「能幫助那些陷入困境的人們是件好事。」馬松接著說，「能幫助那些不幸的人們是好事，能幫助那些事業剛剛起步的人們、讓他們成為有價值的人也是好事。但是，必須理智地施以援手，不然就會像那個農夫的驢子一樣，本來是想幫助

別人,卻讓自己背上了別人的包袱,反受其累。」

「回應你提的問題,羅丹,我的答案是:留著你的 50 枚金幣。這些金幣是你辛勤工作獲得的報酬,理應歸你所有,沒有人有權支配它們,除非你自願。如果你打算將它們借出去以賺取更多的收益,那麼一定要謹慎,應該將它們分成幾部分借給多個人。我不喜歡讓黃金閒置,但更不喜歡冒過大的風險。你當了多少年的矛匠?」

「已經三年整了。」

「除了國王的賞賜,你積蓄了多少錢?」

「三枚金幣。」

「你如此節儉,每年竟僅能積存一枚金幣?」

「正如你所提到的那樣。」

「也就是說,你至少還需辛勤勞作並節衣縮食 50 年,才能積存到 50 枚金幣?」

「我猜這將成為我一生的職業。」

「試想一下,你姊姊真會同意你冒險,把你辛苦在銅爐前勞作五十年才賺來的錢借給她的丈夫,讓他嘗試成為商人嗎?」

「依你所言,我認為她不會這樣行事。」

「那麼你就去告訴她:『這三年來,除了齋戒日之外,我

第六章　巴比倫的放貸者

每天早起晚歸，辛勤勞動，我克制著內心的欲望，努力抵抗種種誘惑，每一年的辛苦工作和自我犧牲僅換來一枚金幣。你是我最愛的姊姊，我真心希望你的丈夫能開創一番成功的事業，變得富有。如果他能提供給我和我的朋友馬松一份詳細的計畫，且這計畫顯得明智而可行，我將很樂意將我的全部積蓄借給他，讓他有機會證明自己的能力。』聽我的，就這麼做吧，而且我相信如果他內心極度渴望成功，他就一定會向你證明。即使他失敗了，他也會希望有一天能償還你，他欠你的也不會比你借給他的更多。」

「我之所以能成為一名放債人，是因為我持有的黃金遠超過我在業務中使用的數量。我期望閒置的黃金也能為我創造收益，進一步增加我的財富。我絕不願意讓我辛苦掙得並悉心保護的黃金面臨風險。因此，如果我無法確保借出的黃金是安全的，且能按時歸還，我絕不會將其借出。同樣地，如果我不能保證借出的黃金能迅速帶來收益，我也不會將其借出。」

「我已經向你透露了不少關於這些箱子裡抵押物的祕密，羅丹。透過它們，你可以洞察人們的弱點，並且發現即使在無法確定自己能否償還債務的情況下，他們仍然強烈渴望借到一筆資金。你還可以看出，如果擁有足夠的黃金，他們有很大的機會賺取豐厚的利潤，但若他們缺乏能力和經驗，成

功的可能性就會變得微乎其微。」

「羅丹,現今你已經累積了足夠的黃金,你可以利用它們創造更豐厚的財富。你即將成為一名放債人,如同我一般。如果你能妥善保護你的資產,它將為你帶來更多的收入,成為你快樂的泉源,並在你一生中持續獲利。但若你讓它流失,你將在餘生中無盡懊悔,深陷痛苦。」

「你最希望如何運用你錢袋中的這些黃金?」

「確保其安全。」

「你真是聰明絕頂。」馬松帶著讚賞說道,「你首先考慮的就是安全問題。你認為將這些黃金交給你姊夫,真能保證安全嗎?真的是萬無一失嗎?」

「恐怕並非如此,我認為他在財務管理方面並不擅長。」

「那麼,就不要感情用事,也不要因為愚蠢的責任感而輕易將你的財產交給其他任何人。如果你想幫助家人或朋友,試著找別的方法,不要用自己的財產冒險。記住,黃金總是會以各種意想不到的方式從那些不會妥善保管的人手中溜走。與其讓別人浪費你的黃金,不如你自己拿去揮霍。」

「在確保黃金安全之餘,你還對它有何其他期望?」

「我期望它能為我帶來更多的財富。」

「你又一針見血了。黃金本來就應該用來增值,以賺取

第六章　巴比倫的放貸者

更多的財富。你此時明智地出借黃金，到你老的時候，至少可以讓它的價值翻上一番。如果你拿它們去冒險，那麼損失的將不僅僅是黃金本身，還會損失它們可能會給你帶來的利潤。」

「因此，不要被那些提出天馬行空計畫的非現實主義者所影響，他們總是認為能夠利用你的黃金為他們帶來巨額收益，但實際上，他們對安全可靠的貿易方式一無所知，所設計的計畫往往只是空想。應該謹慎地預測你所期望的回報，這樣你才能保全你的財產，並享受它所帶來的快樂和滿足。寄希望於借出黃金以獲取高額利潤，無疑是在引狼入室。」

「盡可能地接觸成功人士，與他們保持連繫，多向他們請教，如此一來，你便能在他們的智慧和經驗指引下賺取更多財富，並安全地保有這些財富。」

「如此一來，你便能避開大多數人所遭遇的不幸，獲得神明賜予的財富。」

當羅丹正準備感謝馬松所提供的忠告時，馬松卻婉拒了。他說：「國王的賞賜將使你獲得更多智慧。若想保住這50枚金幣，你必須深思熟慮，謹慎行事。你會面臨許多誘惑，許多建議會在你面前不斷出現，許多賺大錢的機會也會接踵而至。我用於存放抵押物的箱子會時刻提醒你，在任何

一枚金幣離開你的錢袋之前,一定要確保能以安全的方式取回。如果你需要更多的建議,隨時可以來找我,我會很樂意與你分享。」

「在你離去之前,請閱讀我刻在箱蓋底下的這句話,它對借貸雙方皆有啟示:

「些許的謹慎,遠勝於深刻的悔恨。」

第六章　巴比倫的放貸者

第七章　巴比倫的城牆

第七章　巴比倫的城牆

　　人類既需要保護也渴望被保護……這種渴望源於人的本性。

　　老班扎爾是一位冷峻而勇敢的戰士。此刻，他站在通向巴比倫古老城牆頂端的必經之路上，守護著這個城邦。城牆上，驍勇的戰士們誓死捍衛，這個城邦的存亡由他們來決定，巴比倫數萬民眾的安全也仰賴他們來保護。

　　城牆之外，敵軍已經發動攻勢。士兵們嘶吼著衝鋒，戰馬狂奔而至，攻城錘猛烈敲擊著青銅城門，發出震耳欲聾的聲響。

　　在城門後的街道上，士兵們手握長矛，嚴陣以待。若城門被敵軍攻破，他們必須守住入口，阻止敵軍深入。他們人數稀少，任務艱巨。巴比倫的主力軍隊隨國王東征，對抗埃蘭人。兵力匱乏，敵軍的進攻出乎意料，守軍力量極為薄弱。亞述大軍突然從北方襲來，此時城牆必須守住，否則巴比倫城將面臨淪陷的危機。

　　班扎爾周圍圍著一群平民，他們面色蒼白，顯得十分恐懼，急迫地向他打聽最新的戰況。突然，整個人群陷入了寂靜，因為他們看到傷者和陣亡的士兵不斷被抬進來，並安放在走廊兩側。

　　此刻戰爭已進入關鍵階段。經歷三天的圍困後，敵軍突然對城門展開猛烈攻勢。

城牆上的守軍拚命抵抗試圖攀爬梯子進攻的敵人。他們用弓箭射殺敵軍，向正在攀登的敵人傾倒滾燙的熱油，一旦有人登上牆頂，他們便用長矛刺殺。數千名敵軍弓箭手也紛紛拉弓，將箭矢對準城牆上的守軍射擊。

班扎爾的位置是監控戰局的絕佳地點。他最接近戰區，能夠立即獲悉擊退敵軍猛烈進攻的最新情況。

一位年邁的商人擠到班扎爾面前，雙手顫抖不已。「請告訴我！」他懇求道，「請告訴我敵人不會攻進城！我的兒子們都隨國王去打仗了，沒有人保護我年邁的妻子。我的貨物會被他們偷走，食物也會被他們搶光。我們老了，老得無法保護自己，老得連當奴隸都不夠資格。我們會餓死的！請告訴我他們一定不會攻進城！」

「冷靜點，我的好商人。」守衛回應道，「巴比倫的城牆極其牢固。回到集市上去，告訴你的妻子，這些堅固的城牆會保護你們的生命和財產安全，就像守護國王的財富一樣。請靠近城牆一些，以免敵軍的箭矢傷到你們。」

老商人離去後，一名懷抱嬰兒的婦女站到了他的位置上：「長官，城牆上有什麼消息嗎？請務必告訴我真相，這樣我才能讓我那可憐的丈夫放心，他受了重傷且高燒不退，但他仍堅持披上盔甲、拿起長矛保護我和我們的孩子。他說最擔心的是敵人一旦攻入城內就會對我們進行報復。」

第七章 巴比倫的城牆

「慈愛的母親,我再次向你保證,巴比倫那巍峨堅固的城牆必將護衛你和你的孩子。聽見那淒厲的叫聲了嗎?那不是我方戰士的聲音,而是攻城敵軍被滾油潑灑到身上時的哀嚎。」

「沒錯,我聽見了,但我同時也聽到了敵人撞擊我們城門的轟鳴聲。」

「回到你丈夫那裡吧。告訴他城門堅不可摧,能夠抵擋敵軍的攻擊。攀上城牆的敵人們,迎接他們的將是我軍士兵鋒利的長矛。小心腳下,趕快躲到那邊的房屋底下去!」

班扎爾走下來為重灌趕來的援兵讓出前進的道路。當戰士們背著青銅盾牌,步伐沉重地排成隊伍經過時,一個小女孩輕輕扯了扯班扎爾的腰帶。

「士兵,請告訴我,我們真的安全嗎?」小女孩懇求道,「我聽到了恐怖的聲音,看見戰士們流著血,我好害怕。我的家會怎樣?我的母親、弟弟,還有家裡的小寶寶會怎樣?」

冷酷的老兵眨了眨眼,轉頭凝視這名孩子。

「別害怕,小姑娘。」他對小女孩輕聲說,「巴比倫的城牆會守護你、你的母親、弟弟和小寶寶。賢明的王后塞米拉米斯在百年前建造了這座城牆,正是為了保護像你這樣的市民,它從未被攻破。快回去吧,告訴你的母親、弟弟和小寶

寶，巴比倫的城牆會保護他們，不用擔心。」

日復一日，老班扎爾堅定地履行著他的職責，目睹援軍在通道上集結，準備奔赴戰場與敵軍交鋒，直至他們受傷或犧牲，才被抬回城內。在班扎爾身邊，總有大批驚慌的市民聚集，人們急切地詢問城牆是否真的能抵擋敵人的進攻。班扎爾懷著老兵的驕傲和自豪，一遍又一遍地回答：「巴比倫城牆會保護你們！」

三週又五天後，敵軍再度展開猛烈的攻勢。班扎爾咬緊牙關，身後的走道早已被傷兵的鮮血浸染，戰士們前仆後繼，熱血與泥土交織成不息的河流。每一個白天，敵人的屍體在城牆前堆積如山；每一個夜晚，都有同伴將他們拉回去埋葬。

第四週的第五天，戰場依舊充滿喧囂。當清晨的第一縷陽光照耀大地時，敵軍開始撤退，揚起的塵土遮天蔽日。

守軍爆發出陣陣歡呼聲，其中的意涵顯而易見。城牆後的增援部隊也高聲歡呼，街道上的市民隨之激動地喊叫，勝利的喜悅迅速蔓延整座城市。

房子裡的人們紛紛跑到街上，激動的群眾擠滿了整條街道。幾週來積壓的恐懼終於消散，狂喜完全驅逐了人們的驚慌。貝爾神廟高塔頂端燃起了勝利的火焰，藍色煙柱直衝天

第七章　巴比倫的城牆

際,將勝利的消息傳遞到四面八方。

堅固如鋼鐵的巴比倫城牆再次經受住了嚴峻的考驗,將意圖掠奪財富、奴役百姓的強敵擋在城門之外。

巴比倫帝國能夠延續數百年,正是因為它得到了全方位的防護,否則無法抵擋接連不斷的攻擊。

人們既需要保護也渴望被保護,巴比倫城牆便是一個完美的例子。這種渴望是人類的本能,從古至今、始終如一地強烈。然而,我們已經制定了更全面、更美好的計劃來實現這一願望。

如今,依靠保險、儲蓄與穩健投資的有力屏障,我們得以自我保護,抵抗無時無刻可能發生的各種突發事件。

缺乏充分的防護,我們將難以承受。

第八章　巴比倫的駱駝商人

第八章　巴比倫的駱駝商人

「你的債務就是你的敵人，它們逼迫你逃離巴比倫，你若將它們遺留在那裡，它們將愈加壯大，直到你無法應對。」

人在越飢餓的時候，頭腦會變得更加清醒，對食物的氣味亦會愈加敏銳。

阿祖爾的兒子塔卡德對這個說法深信不疑。兩天來，他幾乎什麼也沒吃，只從別人家的花園裡偷摘了兩顆小無花果。正當他準備再摘一顆時，一個婦人發現了他，怒氣沖沖地向他跑來，狠狠地罵了他一頓，並把他趕到了街上。即使他已經慌不擇路地逃到市集上，那婦人的尖聲叫罵仍在他耳邊迴響，使得他斷絕了再次冒險的念頭。市集上的女商販手提籃子，籃子裡裝滿了甜美誘人的水果，塔卡德忍不住伸手想要偷拿幾個，可是一想到那婦人尖刻的話語，他又把手縮了回來。

塔卡德從未意識到巴比倫的市場上竟有如此多美味佳餚，香氣撲鼻。離開市集後，他路過一家小旅館，在一家餐廳前徘徊，心想也許能遇見熟人，借到一枚銅幣。有了這樣慷慨的贈予，便能從冷漠的店主那裡換得一絲微笑。他深知貧窮是多麼讓人看不起。

正當他沉思時，一張他極力迴避的臉龐突然出現在眼前。來者身形瘦高，正是駱駝商人達巴希爾。在塔卡德所有

借過小錢的債主中，達巴希爾是最讓他尷尬的一位，因為他未能如約按時償還欠款。

見到塔卡德，達巴希爾眼前一亮：「啊哈，是塔卡德啊！終於找到你了！一個月前我借給你的那兩個銅幣，你該還給我了吧？還有再之前你借的那枚銀幣，也該還了吧？遇上你真是太好了，正好我今天等這些錢用。現在就還吧，小夥子，你說怎樣？」

塔卡德臉色漲紅，語言開始支吾。他腹中空空如也，已無力與直言不諱的達巴希爾爭辯。「真的很抱歉，萬分歉意。」他喃喃道，「但今天我確實沒有銅板或銀幣可以還你。」

「那就去賺錢吧！」達巴希爾堅決要求他今天還清，「趕快去賺幾個銅幣和銀幣還給你父親的老友吧，我可是曾在你最需要的時候幫過你啊！」

「我命途多舛，困難重重，實在無法償還。」

「你總是覺得自己霉運纏身？其實是你自己的軟弱無能，卻將責任推給神靈！對於那些借了很多錢卻還不了多少的傢伙來說，霉運自然是如影隨形。過來吧，孩子，我餓了，我們去吃點東西，我順便給你講個故事。」

達巴希爾言辭犀利，直指要害，使塔卡德感到畏懼，不敢隨行。然而，若非這次邀請，塔卡德絕無可能進入餐廳，

第八章　巴比倫的駱駝商人

享用渴望已久的美食。於是，他懷著忐忑不安的心情，窘迫地跟隨達巴希爾步入餐廳。

達巴希爾將他推向遙遠的角落，讓他坐在一塊小地毯上。

餐廳老闆考斯科爾面帶笑容地走近招待，達巴希爾一如既往地毫無顧忌地對他打趣道：「沙漠裡的肥蜥蜴，給我來一隻美味多汁的羊腿，還要些麵包，配上各種蔬菜，我餓極了，要大吃一頓。別忘了我這裡還有一位朋友，給他來一壺冷水吧，這天氣實在太熱。」

塔卡德的心情瞬間沉重起來，莫非達巴希爾的意圖是讓自己坐在一旁，喝著涼水，眼睜睜地看著他獨自享用一整隻羊腿嗎？他啞口無言，腦海中一片空白。

達巴希爾對他的沉默毫不在意。他面帶微笑，友善地向店內其他顧客揮手致意。達巴希爾人脈廣泛，店裡的顧客幾乎都認識他。隨後，達巴希爾轉向塔卡德繼續交談。

「我曾聽一位從烏爾法返程的旅人講述過一個故事。據說那裡有一位富人擁有一塊極薄的石頭，薄到可以透過它觀察其他事物。他將這塊石頭安裝在自家窗戶上以防雨。那位旅人說，這塊石頭是黃色的，在主人的允許下，他曾透過石頭向外觀看，並看到外面的世界呈現出一種奇異的景象，與真

實的世界截然不同。塔卡德，你怎麼看？你能否想像一個人眼中的世界會與現實世界的色彩完全相異？」

「這個我不確定。」年輕人答道，他顯然對達巴希爾面前那隻肥嫩的羊腿更感興趣。

「我認為這是事實，因為我也曾目睹過一個與現實世界截然不同色調的世界。接下來，我將分享一個關於我如何重新認識世界真實色彩的故事。」

「達巴希爾即將開始他的故事。」鄰座的賓客們開始竊竊私語，紛紛把自己的地毯拖過來，有些人還把食物挪過來，大家圍成一個半圓形坐在達巴希爾周圍。他們啃著肉骨頭，坐在塔卡德面前，喧鬧嬉笑。塔卡德是唯一一個沒有食物的人。達巴希爾完全不打算與他分享任何食物，甚至連從硬麵包上掉落的一小塊都懶得示意與他分享，直接把麵包屑從盤子裡撒到了地上。

達巴希爾開口道：「我要講述的這個故事，」他停頓片刻，咬了一大口羊腿，「是關於我年輕時如何成為駱駝商人的經歷。有誰知道我曾在敘利亞做過奴隸？」

聽眾們低聲驚訝，這完全在達巴希爾的預料之中，他滿意地微笑著，聽著大家的竊竊私語。

「在我年輕的歲月裡，」達巴希爾狠狠地咬了一口羊腿，

第八章　巴比倫的駱駝商人

接著說道,「曾經跟隨父親學習經商之道,他是一名馬鞍工匠。我在他的店裡工作,隨後成家立業。由於年輕且技藝不精,我賺取的收入微薄,僅夠維持我和妻子的生計。我渴望那些我無法負擔的奢侈品。很快,我發現店主們居然願意讓我賒帳購物,只需日後再償還款項即可。」

「由於年輕氣盛且缺乏生活經驗,那時我並不明白那些入不敷出的人實際上是在自我放縱,結果只能迎來巨大麻煩和恥辱。我一發不可收拾,縱容自己對奢華服飾的渴望,為妻子和我們的家買了許多超出我們經濟能力的奢侈品。」

「起初,一切尚在我的掌控之中,但隨著時間推移,我逐漸意識到所賺之錢根本無法維持我們的生活,更遑論償還債務。債主們開始追討我因揮霍無度而積欠的款項,我的生活頓時陷入混亂。我向朋友借錢以償還債務,但依然無法還清所欠之款。情況愈發惡化,我的妻子不得不返回娘家,在父兄的庇護下屈辱度日。最終,我決定離開巴比倫,前往一個能為年輕人提供更好機會的城市。」

「之後的兩年時間,我在一個沙漠商隊中工作,四處漂泊,無固定住所,然而依舊毫無建樹。隨後,我成為一夥強盜的一員,在沙漠中劫掠那些無辜的商隊。我為自己的行徑感到羞愧,不敢面對我的父親,我透過有色的鏡片看待這個世界,完全沒有察覺自己已經墮落至此。」

「我們這個盜賊團的首度行動大獲全勝。我們掠奪了大量黃金、絲綢和珍貴貨物。這些戰利品被運到吉尼爾，迅速被揮霍殆盡。」

「然而，第二次我們就沒那麼走運了。我們剛剛得手，便遭遇了當地一群持矛武士的襲擊，那些武士受僱於商隊，負責保護商隊的安全。我們的兩個首領被殺，其餘的被押往大馬士革，在那裡我們被扒光衣服，當作奴隸賣掉了。」

「我被敘利亞沙漠的一位酋長以兩枚銀幣買下，頭髮被剪去，只剩一條纏腰布遮身，與其他奴隸無異。雖然我年輕氣盛，將這一切視為冒險，直到有一天，主人把我帶到他的四位妻子面前，宣稱要將我閹割以服侍她們。」

「我瞬間感到一切都完結了，完全陷入了絕望。這些沙漠中的人既凶狠又好戰，我被困其中，既無武器也無法逃脫。」

「四位女子打量了我一番，我在那裡戰戰兢兢地站著，希望能獲得她們的憐憫。酋長的正妻希拉比其他幾位年長一些，她冷漠地上下打量我，我只能無奈地轉過頭。接著是一位傲慢的美女，她帶著鄙夷的眼神看著我，就像注視著地上的一條蟲子。剩下的兩位年輕女子則嗤嗤地笑著，將一切視為笑話。」

第八章　巴比倫的駱駝商人

「我在那裡站了很久,等待著女性們對我的裁決。每位女性都在觀望他人的決定,無人開口。最終,希拉冷淡地說話了。」

「『我們已經有許多閹人伺候了,但照看駱駝的人卻屈指可數,而且他們全是些無用之輩。我母親病了,正發著高燒,我打算今天去探望她。我沒有可信賴的奴隸來替我牽駱駝,問問這個奴隸是否能勝任這項工作。』」

「於是主人詢問我:『你對駱駝了解多少?』」

「我竭力掩飾內心的喜悅,盡量平靜地回應道:『我能使駱駝跪下,能讓牠們負重運輸,還能帶領牠們進行長途跋涉而不讓牠們感到疲憊。如有必要,我還能修補牠們的鞍具和裝飾。』」

「『這奴隸說得夠多了,』主人說,『希拉,如果你願意,就讓他去幫你照看駱駝吧。』」

「於是我被轉交給希拉。當天我便牽著她的駱駝走了很遠的路去探望她生病的母親。我抓住機會感謝她為我說情,並告訴她我並非生來就是奴隸,我的父親是一名自由民,是巴比倫城中一位誠實可靠、受人尊重的馬鞍工匠。我還向她講述了許多關於我的事情。她的反應讓我感到尷尬和不安,事後很久我都在仔細思考她對我說的那些話。」

「『你的懦弱和無能已經讓你陷入目前的困境,你怎麼還敢自稱是個自由人呢?無論一個人出身如何,如果他的靈魂是奴隸,他就是個奴隸,正如水總是向低處流去。即使面臨再多的災難和不幸,如果一個人的靈魂是自由的,他依然能在他的城市裡獲得榮譽,並贏得眾人的尊敬。』」

「我做了一年多的奴隸,與真正的奴隸共同生活,但我並沒有變得和他們一樣。有一天,希拉問我:『當其他奴隸們聚在一起享受歡樂時,你為什麼獨自一人坐在帳篷裡?』」

「我對她說:『我在回想你曾告訴我的那些話。我想弄清楚自己是否真的擁有奴隸的靈魂。我無法融入他們,所以只能獨自一人。』」

「『我和你一樣,也必須獨自待著。』她向我透露了祕密,『我的嫁妝非常豐厚,酋長娶我只是為了這些財物。但是他並不愛我。每個女人都渴望被愛。因為他不愛我,又因為我未能為他生兒育女,所以我只能獨處。如果我是男人,我寧願死也不願意當奴隸,但這個部落的習俗就是把女人當成奴隸。』」

「『現在你對我的看法是什麼?』我突然問她,『我的靈魂是自由的還是被束縛的?』」

「她沒有直接回答我的問題,反而反問我:『你想還清你

第八章　巴比倫的駱駝商人

在巴比倫的那些債務嗎?』」

「『沒錯,我很希望能還。但我無能為力。』」

「『倘若你任由時光流逝,卻不為償還債務付出任何努力,那麼你便擁有一個可鄙的奴隸靈魂。不尊重自己的人,無人會尊重他。拒絕誠實償清債務的人,同樣也無人願意尊重他。』」

「『身為一名敘利亞奴隸,我究竟能夠做些什麼呢?』」

「『那你就繼續在敘利亞當奴隸吧,懦夫!』」

「『我絕非懦夫。』我堅決否認。」

「『那就證明給人看。』」

「『怎麼證明?』」

「『你們偉大的巴比倫國王難道不是竭盡全力、動用一切資源來抵禦外敵嗎?你的債務就是你的敵人,它們迫使你逃離巴比倫,你若將它們遺留在那裡,它們將日益壯大,直至你無法應對。勇敢地面對它們吧!你本有機會戰勝它們並贏得市民的尊敬。但是你根本無意與它們抗爭,你眼睜睜看著自尊被擊垮,甘心淪為敘利亞的奴隸。』」

「我反覆琢磨著她那毫不留情的指責,心中編織了無數理由,試圖向她證明自己的內心並非屈服於她的權威,然而,我沒有機會向她說明這些。三天後,希拉的女僕將我帶到她

面前。」

「『我的母親又病重了,』她告訴我,『去我丈夫的駝群中挑選兩匹最優秀的駱駝,為牠們配上最好的鞍具,並繫上裝滿水的皮囊和褡褳,要確保能夠應付長途跋涉。女僕會帶你去廚房取一些食物。』我為駱駝裝好了行李,心中暗想女僕給的東西似乎太多了,因為她母親的住處距離這裡不過一天的路程。我牽著女主人的駱駝走在前面,女僕騎著另一匹駱駝跟隨在後。當我們抵達她母親的住處時,天色已經完全暗了下來。希拉遣走了女僕,隨後對我說:

「『達巴希爾,你的靈魂究竟是自由民的靈魂,還是奴隸的靈魂?』」

「『我擁有一個自由民的靈魂。』我堅決地回應。」

「『如今你有機會證明自己。你的主人已經醉得不省人事,他的領袖們也同樣喝得酩酊大醉。趁此機會帶上這些駱駝逃跑吧,這個包袱裡有你主人的一些衣服,你可以穿上它們來偽裝。我會告訴他們,在我去探望母親的路上,你偷走了駱駝。』」

「『妳擁有如同王后般高貴的靈魂。』我對她說,『跟我一起走吧,希望我能帶給妳幸福!』」

「她回應道:『與他人私奔至遙遠之地,滿眼皆是陌生面

第八章　巴比倫的駱駝商人

孔,這樣的生活不會幸福。你自行離去吧。路途遙遠,水源匱乏,食物稀少,願沙漠中的諸神庇佑你!』」

「我不再強求她與我同行,深深感謝過她之後,我獨自前行,走入了無邊的黑夜。我對這片土地完全陌生,只知道巴比倫的大致方向。我鼓起勇氣穿越沙漠,翻越山嶺,朝那個方向堅定跋涉。我騎著一頭駱駝,牽著另一頭跟在旁邊。我明白逃跑的奴隸若被抓住會遭受何等殘酷的懲罰,這讓我既恐懼又激勵著我,促使我晝夜不停地奔逃。」

「翌日下午,我抵達了一片如沙漠般荒蕪的丘陵,鋒利粗糙的岩石無情地磨損著駱駝的蹄子,很快牠們的步伐變得遲緩,只能痛苦且小心翼翼地前行。我未遇見任何人影,也未見到野獸,完全明白了為何牠們根本不會來此地。」

「接下來的那段路幾乎沒有人能活著走完。我騎著駱駝,日復一日地緩慢前行。食物和水都耗盡了,毒辣的陽光無情地折磨著我。在第九天即將結束時,我爬上了山頂,但隨即滾了下來,再也沒有力氣重新爬上去。我感覺自己就要死了:我將會在這個被遺棄的地方孤獨地死去。」

「我絕望地平躺在地面,伸展著四肢,陷入沉睡,直至晨曦的第一縷光芒喚醒我。」

「清晨的空氣涼意襲人,我坐起身來調整身體和呼吸,駱駝懶洋洋地趴在近處。四周山巒起伏,廣闊而荒涼,滿是岩

石和沙礫,荊棘叢生,既無水源,也無食物。」

「難道我真的要在這片寧靜的荒野中迎來死亡?此刻我的意識異常清晰。糟糕的身體狀況已經變得無足輕重,我那乾裂流血的嘴唇,乾燥腫脹的舌頭,以及空蕩的胃部,似乎不再像前一天那樣令人難以忍受地疼痛。」

「我凝視那令人厭惡的遠方,腦海中再次浮現那個問題:『我的靈魂究竟是自由的,還是被奴役的?』隨即我明白,如果我的靈魂是被奴役的,那麼我完全可以放棄,在這沙漠中躺下,靜靜等待死亡來臨,這正是一個逃亡奴隸的最後歸宿。」

「若我擁有的是一顆自由民的靈魂呢?會有什麼結果?我必定會竭盡全力返回巴比倫,清償那些信任我、願意借錢給我的人的所有債務,接回我深愛的妻子,讓她再次過上幸福的生活,並讓我的父母因此感到安心和滿足。」

「希拉曾經對我說:『你的債務就是你的敵人。』的確如此。為何我不能像個真正的男人那樣堂堂正正地生活呢?為何我會讓我的妻子不得不回娘家呢?」

「然後,令人驚奇的情況出現了。整個世界的色彩變得與之前截然不同,過去我透過有色石頭觀察到的那個世界忽然消失了。我終於看見這個世界真正的價值所在,體悟到了生命的真諦。」

第八章　巴比倫的駱駝商人

「死在沙漠裡？絕對不行！在這個全新的視角下，我明白了接下來的使命。首先，我要返回巴比倫，勇敢地面對每一位債主，告訴他們，經過多年的漂泊，我終於回來償還我的債務了。在諸神的庇佑下，我必將迅速償清所有債務。然後我要重新給我的妻子一個溫暖的家，並努力成為讓父母驕傲的人。」

「債務是我的敵人，但債主們卻是我的朋友，因為他們曾經信任我。」

「我艱難地站起來，蹣跚著向前行進。飢餓算什麼？口渴又怎樣？這些只是前行路上的微小阻礙。我內心那個自由的靈魂甦醒並崛起，他將回去擊敗敵人、感謝朋友。我熱血沸騰，全身充滿力量。」

「我的沙啞吶喊聲傳入駱駝耳中，牠們黯淡的眼神頓時閃亮起來。經歷了多次努力與嘗試之後，駱駝們終於站立起來，堅毅地朝北方前行。我心中有個聲音告訴我，我們必能回到巴比倫！」

「我們發現了水源。我們尋得了一片肥沃的土地，那裡長滿青草和果實。我們還找到了一條通往巴比倫的小徑。自由人的靈魂將生活視為一連串待解決的問題，並逐一加以解決。奴隸的靈魂面對這一切，卻只會哀嘆：『我只是個奴隸，我又能做什麼？』」

「塔卡德,你呢?飢餓是否使你的思維更加清晰?你是否準備好找回你的尊嚴?你是否看到了世界的真實面貌?你是否渴望償還你所有的債務,不論數量多少?然後在巴比倫重新獲得尊重?」

塔卡德這位年輕人的眼眶濕潤。他跪地而坐,激動地挺直身軀,對父親的老友達巴希爾表達感激:「你為我揭示了一個全新的世界,我已經感受到自由之魂在我內心升騰。」

「你回到巴比倫後,又有什麼事情發生呢?」一名對他的故事極感興趣的聽眾詢問達巴希爾。

「有志者,事竟成。」達巴希爾回答說,「我深知自己擁有那份決心,因此開始尋求解決問題的方法。首先,我拜訪了每一位曾向我借錢的朋友,懇求他們的原諒,並請求他們給予寬限期,好讓我能夠賺取足夠的錢來償還他們。大多數朋友見到我都很高興,有些人則對我破口大罵,但也有一些朋友不僅答應了我的請求,還再次幫助了我。其中一位朋友給了我當時最需要的幫助,他就是放債人馬松。在得知我曾在敘利亞當過駱駝工後,馬松介紹我給駱駝商人老內巴圖,他奉命為國王的遠征軍購買一批強壯的駱駝。隨著老內巴圖,我對駱駝的知識派上了大用場。逐漸地,我有能力還清所有的債務。最終,我昂首挺胸,成為了一個和大家一樣受人尊重的人。」

第八章　巴比倫的駱駝商人

達巴希爾再次關注起自己的食物。「考斯科爾，你這隻蝸牛！」他大聲喊道，催促在廚房忙碌的店主，「我的飯菜都涼了。再給我來一些現烤的肉，還有給我老朋友的兒子塔卡德也來一大份。他餓壞了，這次可以和我一起享用美食。」

巴比倫駱駝商人達巴希爾的故事已告一段落。當他發現了先哲們早已明瞭並實踐的真理，並能深刻領會這些真理的核心時，他便找到了自己的心靈歸宿。

自古以來，人們受益於這一真理，正是它引領他們走出困境，邁向成功。未來，它仍將指引那些智慧之人領悟其神奇力量。人們應該銘記這句話：

只要有決心，必能找到解決之道。

第九章　來自巴比倫的泥板

第九章　來自巴比倫的泥板

「這個計劃價值無量。難道不是它將一位曾經的奴隸轉變成為一個誠實且受人敬重的人嗎？」

聖斯威辛學院

諾丁漢大學

特倫河畔紐瓦克

諾丁漢

1934 年 10 月 21 日

致富蘭克林・卡德維爾教授

由英國科學考察隊轉交

希拉城，美索不達米亞

尊敬的教授：

　　您從古巴比倫廢墟中發掘出的五塊泥板，已經隨您的信件一起經由同一艘船送達我的手上。我對此著迷不已，並愉快地花費了大量時間來翻譯泥板上的文字。我本應立即給您回信，但最終卻等到翻譯工作全部完成之後纔回覆。泥板的全部翻譯文稿已經附在信後。

　　泥板在運輸期間毫無損傷，這全賴您細心的保護和精心的包裝。

　　當您讀到這塊泥板上的故事時，您必定會和我們實驗室的同事們一樣感到驚訝。人們總是希望這些遙遠且模糊的歷

史能講述一些浪漫的故事和冒險的經歷，類似於《一千零一夜》。然而，事實並非如此。泥板上記載的是一個名為達巴希爾的人如何償還債務的故事。我們發現，與泥板上描述的古老社會相比，這五千年來，世界的變化並不像我們想像的那麼大。

　　此事頗為蹊蹺，您是知情的。正如我的學生們所言，這些泥板上的文字似乎在「捉弄我」。身為一名大學教授，我理應是一位具備深厚見識和多學科應用知識的人。然而，這些從古巴比倫布滿塵埃的遺跡中挖掘出的古物，卻向我揭示了一種前所未聞的還債方法，同時還能使我的錢包裡多出一些叮噹作響的金幣。

　　我必須說，這是一個極其引人入勝的概念，我對於證明這些古巴比倫方法在現代社會依然適用充滿興趣。我的妻子和我正打算在我們的個人事務上嘗試這些方法，恰好我們在這些方面需要一些改進。

　　願您的探索順利進展，幸運常伴左右。也真心期盼我能再次為您提供幫助。

您忠誠的

阿爾弗雷德·H·舒斯伯里，考古學系

敬上

第九章　來自巴比倫的泥板

第一塊泥板

　　此時正值滿月。我，達巴希爾，剛從敘利亞的奴役生活中解脫，歸返故鄉巴比倫。我立志清償所有債務，成為同胞敬重的富人。在此，我將這些事項刻在泥板上，作為永久記錄，以指導和幫助我實現最深的願望。

　　在我的朋友兼債主馬松明智的建議下，我決意擬定一個詳細的計劃。馬松告訴我，這個計劃能使任何誠實的人擺脫債務困擾，重新獲得財富並找回自尊。

　　這個計劃涵蓋了三個明確的目標，這些目標正是我所期望的。

　　首先，這個計劃將為我帶來未來的財富。

　　因此，我會將我全部收入的十分之一存下來。馬松的見解非常睿智：

　　「若將閒置的金銀存於錢袋中，這不僅對他的家族有益，還能顯示對國王的忠誠。」

　　「如果錢袋裡僅有少量銅幣，不僅顯示他對家庭的疏忽，也表明他對國王的冷漠。」

　　「假如錢袋裡空無一物，毫無積蓄，不僅對家人無情，對國王也不忠，內心也將飽受煎熬。」

　　「因此，若要實現目標，須讓錢袋裡滿是叮噹作響的

錢幣,如此便能讓他的內心充盈對家人的愛與對國王的忠誠。」

其次,這項計劃要求我悉心照料從父親家回到我身邊的賢妻,並提供她充足的衣食。正如馬松所言,照顧好忠誠的妻子,能讓男人心中充滿自尊,並增加力量和決心去實現目標。

因此,我將用收入的七成來支付家庭開支,涵蓋衣物、食物及其他雜項,確保我們的生活充滿樂趣與享受。然而,馬松進一步指出,要實現目標,最大的開銷不得超過我收入的七成。這是計劃成功的關鍵。我必須嚴格遵守這部分預算,絕不能超支,也不能使用這部分之外的錢購買任何物品。

第二塊泥板

第三,這項計劃能使我用自己的收入來清償債務。

因此,每逢月圓之際,我收入的五分之一將被公平地分配成若干份,專門用來償還那些曾經信任我並借錢給我的債主們。如此一來,我便能按時清償所有的債務。

在此,我銘刻所有債權人的姓名,並精確記錄我的欠款金額。

法魯,紡織工,2枚銀幣,6枚銅幣。

第九章　來自巴比倫的泥板

辛加，製椅匠，收費 1 銀幣。

阿瑪爾，我的摯友，三枚銀幣，一枚銅幣。

贊卡爾，我的好友，四枚銀幣，七枚銅幣。

阿斯卡米爾，我的摯友，1 枚銀幣，3 枚銅幣。

哈林瑟，珠寶匠，銀幣六枚，銅幣兩枚。

迪阿貝克，父親的摯友，四枚銀幣，一枚銅幣。

奧卡哈德，房東，十四枚銀幣。

馬松，放貸者，銀幣九枚。

拜耳耶克，農夫，銀幣一枚，銅幣七枚。

（此處字跡模糊不清，無法解讀。）

第三塊泥板

我總共欠這些債主 119 枚銀幣和 141 枚銅幣。由於無法償還高額債務，我愚昧地讓妻子回到她父親家中，而我則離開故鄉，去別處尋找賺錢的途徑。結果，我一無所成，最終落得被賣為奴隸的下場。

如今，馬松指導我如何用有限的收入來償還債務。我深刻地明白，當初為了逃避因奢侈和放縱引發的惡果而離家出走是多麼愚蠢的決定。

因此，我親自拜訪了每一位債權人，向他們說明，除了

盡我所能賺取的錢來償還債務外,我別無他法,並且我計劃將收入的 20% 平均分配給所有債權人以償還欠款。我只能用這麼多的錢來還債,不能再多了。因此,如果他們能再給我一些寬容,我最終會把欠他們的錢全部還清。

阿瑪爾是我視若至交的朋友,然而他狠狠地斥責了我一番,我羞愧地離開了。農夫拜耳耶克懇求我先償還他的款項,因為他急需用錢。房東奧卡哈德非常不友善,堅決表示若我不儘快還清所有欠款,他將會對我不利。

其餘的債主同意了我的請求。所以,我比以往更加堅決,決心到底,一定要達成這個目標。我發現,還債實際上比逃避債務容易得多。即使目前我尚未能滿足部分債主的需求和要求,但我會公正地處理所有的債務。

第四塊泥板

又到月圓之際。我懷著自由的心態勤奮工作。我的妻子也非常支持我的還債計劃。因為有著堅定的決心,我盡心盡力,在過去的一個月裡,我為內巴圖購買了一些健壯的駱駝,因此賺到了 19 個銀幣。

依據既定計劃,我將這 19 枚銀幣劃分成若干部分,十分之一存起來,十分之七用於我和妻子的日常開銷,餘下的十分之二兌換成銅幣,再將這些銅幣分批償還給債主。

第九章　來自巴比倫的泥板

我未能見到阿瑪爾，便將錢交給了他的妻子。拜耳耶克收到款項後欣喜若狂，甚至想親吻我的手。老奧卡哈德抱怨我還錢的速度應該更快些。我回應說，如果我能吃得飽，又不必為生計憂心，我或許能還得更快。其他債主則對我表示感謝，並讚賞我的努力。

因此，到月末時，我的債務已減少了整整四個銀幣，並且還額外存下了約兩個銀幣，這些銀幣沒有債主，因此無需歸還。我已經很久沒有感覺如此輕鬆了。

一個月悄然逝去，月圓之時又再度來臨。我依然孜孜不倦地工作，然而此次收穫甚微。我所購得的駱駝數量寥寥無幾，僅賺得 11 個銀幣。儘管如此，我和妻子仍然堅守計劃。我們既未添置新衣，也僅靠蔬菜果腹，依然將 11 個銀幣的十分之一存起來，七成用於日常開支。讓我驚訝的是，當我將這微薄的款項還給阿瑪爾時，他竟對我大加讚賞。拜耳耶克也同樣誇獎了我。唯有奧卡哈德怒不可遏，但當我告訴他若不需要這筆小錢可以還給我時，他便安靜了下來。其餘的債主則一如既往地表示滿意。

當圓月再次照耀大地時，我心中充滿喜悅。我遇見了一群品質上乘的駱駝，並購買了其中最為優越的幾隻，從而賺得了 42 塊銀幣。這個月我和妻子購置了許多必需的鞋子和衣物，並且吃得非常豐盛，我們犒賞了自己一些肉和雞。

我們歸還給債主超過八枚銀幣，連奧卡哈德也不再有怨言。

這項計劃實在是卓越非凡，它引領我們擺脫債務的困擾，並且累積了一筆屬於我們自己的財富。

自從我上次在這塊泥板上刻字，已經過去了三個月。每逢月圓之時，我都會存下收入的十分之一。即便日子再艱辛，我和妻子也僅以收入的七成度日。每次我都用其中的兩成來償還債務。

我的錢袋裡已有 21 個銀幣，這讓我在朋友面前能夠自信昂首闊步。

我的妻子將我們的家打理得井井有條，我們也能穿上漂亮的長袍了。我們很開心能共同生活。

這個計劃意義非凡。不正是它使一個曾經的奴隸成為一個誠實且受人敬重的人嗎？

第五塊泥板

滿月再次將光芒灑向大地。我回想起上次在這塊泥板上刻字，已經是很久以前的事了。事實上，月亮圓缺了 12 次。然而，今天我不會忘記記錄，因為我已經還清了最後一筆欠款。這一天，我和我的好妻子滿懷感激之情，共享了一頓美餐，慶祝我們終於達成目標。

第九章　來自巴比倫的泥板

在我最終一次拜訪我的債主們時，發生了許多事件，這些事我將終生難忘。阿瑪爾懇求我能原諒他過去刻薄無情的言語，他對我說我是他最渴望結交的朋友。

老奧卡哈德最後態度也沒那麼差了，他對我說：「以前你就像一團軟弱無力的爛泥，任何人都能輕易把你壓扁捏圓，但是現在你已經變成了一塊堅硬的棱角分明的青銅。如果你以後需要錢，可以隨時來找我。」

不僅奧卡哈德對我讚譽有加，許多其他人也對我表示了敬意。我妻子滿懷欽佩地凝視著我，眼中閃爍著光芒，這讓我倍感自信。

這個計劃使我走向了成功。它賦予了我償還所有債務的能力，讓我的錢袋響起了悅耳的叮噹聲。我強烈推薦這個計劃給所有渴望成功的人。如果它能讓一個昔日的奴隸還清債務並賺取大量財富，那麼它同樣能幫助任何人重拾信心和獨立。至今我尚未完全完成這個計劃，但我堅信，只要我繼續按照計劃進行，它必定能使我成為世界上最富有的人。

聖斯威辛學院

諾丁漢大學

特倫河畔紐瓦克

諾丁漢

1936 年 11 月 7 日

致富蘭克林・卡德維爾教授

由英國科學考察隊轉交

希拉城,美索不達米亞

尊敬的教授:

在你對古巴比倫遺址的深入挖掘中,若你能遇見一位古代居民的幽靈,他是一位年邁的駱駝商人,名叫達巴希爾,請替我傳達一個訊息:他多年前刻在泥板上的那些文字,令居住在現代英格蘭的一對教授夫婦終生受益,感激不盡。

你應該記得我一年前寫給你的信,我提到我和我太太將會嘗試那個刻在泥板上的計劃,在清償債務的同時還累積財富。儘管我們努力隱瞞生活的窘迫,幾乎陷入絕境,但我想你大概已經猜到了。

我們已經在恐懼和羞愧中度過了許多年。我們背負著一筆巨額的陳年債務,深怕那些與我們有債務關係的商人會將此事渲染成一個大醜聞,導致我們無法再在校園裡立足,被迫離開學校。我們一再從微薄的收入中擠出每一分錢來還債,但這完全是杯水車薪,根本無法發揮多大作用。此外,我們還不得不去那些能提供更高信用額度的商店購物,儘管那裡的商品比其他地方貴得多。

這樣一來,我們進入了惡性循環,情況愈發惡化,沒有任何改善的跡象。我們竭盡全力試圖改變這種局面,但徒勞無功,越是掙扎,就越感到無望。由於長期拖欠房東房租,

第九章　來自巴比倫的泥板

我們無法搬離現住所去尋找租金更低的住房。一切顯得無比絕望，彷彿無論怎麼努力，都無法改變我們的現狀。

某日，偶然間我們遇見了你的一位故交——一位來自巴比倫的駱駝商人。他交給我們一塊刻有計劃的泥板，這計劃正好顯示了我們所追求的目標。他興致勃勃地鼓勵我們依照這個計劃行動，於是我們遵從他的指示，列出我們所有債務的清單。我隨身攜帶這份清單，並展示給每一位債主查看。

我向他們逐一解釋，根據我目前的情況，償還他們的債務相當困難。他們也能從清單中看出我的誠實無偽。隨後，我告訴他們，我現在能想到的還債方法是每月從收入中拿出20%，按比例分配，每月償還一小部分債務，這樣大約兩年內我就能還清所有欠款。同時，我們會努力並堅持以現金為基礎的消費方式，用現金進行購物和日常開銷，這樣他們也能從中受益。

我的債主們對我寬容有加。我的水果商，一位睿智的老人，認為這是一次難得的喘息機會。他對我說：「你可以使用現金購物，然後用現金支付部分債務。這比你一直以來的方法要好得多，你已有三年未清算你的帳戶了。」

最終，我與所有債權人達成了協議，只要我每月按時支付收入的20%用於償債，他們便不會再上門催促。

接下來，我便與妻子共同計劃如何利用70%的收入來維持日常生活。我們已經決定將剩餘的10%存起來，積少成多，未來這些小錢終能累積成大錢。想到這些就覺得十分吸引人。

變革的旅程猶如一場冒險。我們樂在其中，並且發現只要按計劃行事，我們也能以70%的收入過上舒適的生活。我們先從租金開始，嘗試削減了一部分，接著我們更換了心愛的那款茶，試用了其他品牌，意外之喜是，我們發現竟能以更低的價格購得更優質的產品。

我心中有太多話想說，信中難以逐一詳述。總之，事實證明，依據達巴希爾的計畫行事其實並不困難。我們成功了，並為此感到非常愉快。以這種方法解決我們的債務，使我們不再為長期積壓的欠款而煩惱，真是感到輕鬆無比，欣慰至極。

然而，我還得告訴你關於我們原本計劃存下來的那10%。的確，我們確實存了一段時間。別急著笑話我。你知道的，這是最簡單的部分，累積那些不打算花掉的錢是一件非常愉快的事情。看著這些錢一天天增加，比花掉它們更讓人感到愉快。

當我們累積到了一個讓我們感到滿意的金額時，我們找到了更有效利用這些存款的方法。我們將這10%的收入用於一項投資，這可以說是我們重新振作過程中最令人滿意的一部分。這是我們第一次沒有用支票進行的交易。

我們的投資和收益正在穩步上升，這讓我們感到非常滿意。等我結束教師生涯時，我相信這會是一筆相當可觀的收入，應該足以讓我們未來的生活過得舒適。

這一切都是我過去穩定收入之外的額外收益。難以置信

第九章　來自巴比倫的泥板

　　的是，這一切竟如此真實地發生了。我們的債務逐漸還清，投資收益也在增加，我們的經濟狀況不斷改善，比起以前的困苦生活已經有了顯著提升。誰能想到，渾渾噩噩地過日子和按照財務計劃生活之間，竟會有如此巨大的差異？

　　至明年年底，所有債務將全部清償，屆時我們不僅會有更多資金可供投資，還會有餘款進行旅遊。我們決定今後堅持將收入的70%用於日常開支，絕不超支。

　　如今你應該理解為何我們如此渴望向那位長者表達深切的感謝。他在泥板上刻下的計畫，使我們得以脫離「人間煉獄」。

　　他深知這種感受，因為他曾歷經相同的遭遇。他希望他人免於重蹈他的覆轍，不再承受他所經歷的痛苦。正因如此，他纔不惜耗費巨大的時間，將他的經歷和訊息銘刻在泥板上。

　　這是他向那些正經歷此等不幸的人們揭示的真理，這個啟示如此重要，無論是在它被埋藏的那個年代，還是在它被人從巴比倫的遺跡中發現的今天，它都同樣閃耀著真理的光輝，一樣不可或缺，並散發著蓬勃的生氣。

您忠誠的

阿爾弗雷德・H・舒斯伯里　考古學系

敬上

第十章　巴比倫的幸運之人

第十章　巴比倫的幸運之人

「有些人對工作心生厭惡，視之為己之敵。然而，最理想的態度應是將其視為朋友，從而培養對工作的喜愛之情。」

巴比倫商業巨頭沙魯·納達騎在馬上，驕傲地走在商隊的最前方。他對華麗的衣服情有獨鍾，身上總是穿著昂貴且合身的長袍。他對漂亮的動物也情有獨鍾，總是悠然自得地騎著那匹健美且神采飛揚的阿拉伯駿馬。從他的外表來看，人們很難猜測他的年齡，自然也無法想像他內心曾經歷經過多少苦難。

從大馬士革返回的旅途極為漫長，沙漠中充滿艱辛。沙魯·納達全然不在意這些。阿拉伯部族凶猛殘暴，在沙漠中伺機掠奪過往的富商隊伍，但他毫不畏懼，因為有眾多保鏢和護衛隨行，保障他和商隊的安全。

然而，這位年輕人讓他非常頭痛。這名叫哈丹·古拉的孩子是他從大馬士革帶來的，是他多年的商業夥伴阿拉德·古拉的孫子。沙魯總感到自己欠阿拉德很大的人情，這輩子都無法償還，所以願意為他的孫子做些什麼。但他越想幫忙，越不知道該怎麼做，這實在是由於這個年輕人自身的緣故。

沙魯凝視著這年輕人手上的戒指和耳環，心中暗自思忖：「這孩子難道真的認為這些珠寶是男人該戴的嗎？他那張臉和他祖父如出一轍，可是他的祖父絕不會佩戴這些華麗的

飾品。我帶他出來，是希望能助他開啟事業，讓他能擺脫他父親敗光家產後的困境。然而，我該如何著手呢？」沙魯真是陷入了困惑。

哈丹・古拉打斷了他的思緒：「為什麼你要這麼辛苦地工作？你總是隨著商隊長途跋涉。你難道不享受生活嗎？」

沙魯・納達微笑道：「享受生活？」他再次重申，「若你是沙魯・納達，你會如何享受生活？」

「若我擁有和你同樣的財富，我定會過著王子般的生活，絕不會在這灼熱的沙漠中騎馬穿行。錢進我口袋有多快，我花錢的速度就有多快。我會穿上最華麗昂貴的長袍，佩戴最精緻珍貴的首飾。這才是我嚮往的生活，也是值得過的生活。」兩人都笑了起來。

「你祖父根本不佩戴任何首飾。」沙魯・納達脫口而出，他戲謔地問道，「你難道不給自己留些時間來工作嗎？」

「工作是奴隸們的事。」哈丹・古拉答道。

聽到他這麼說，沙魯・納達將要出口的話又咽了回去。他沒有作出回應，默默地策馬前行，直到他們沿著一條小路走上一個斜坡。他勒住馬匹，指著遠處綠意盎然的山谷對哈丹・古拉說：「看，那邊有一個山谷。從遠處眺望，你能隱約看到巴比倫的城牆。那座高塔是貝爾神廟，如果你的視力足

第十章　巴比倫的幸運之人

夠好，你會看到從塔頂升起的煙霧，那是神廟燃燒的永恆之火。」

「那就是巴比倫嗎？早在多年前，我便渴望一睹這個世界上最繁榮的城邦。」哈丹·古拉說，「巴比倫是我祖父發跡的地方，他在那裡累積了他的第一筆財富。如果他還在世，我們的生活也不會如此艱難。」

「為何你祖父的精神必須超越他應有的壽命而永存世間呢？你與你父親完全可以延續他的事業。」

「唉，我父親和我都未能承襲他的才華，對於他如何累積財富的祕訣，我們一無所知。」

沙魯·納達默然無語，騎在馬上，心事重重地沿著小徑朝山谷方向行進。商隊尾隨其後，揚起大片紅色塵沙。片刻之後，他們抵達國王大道，轉向南方，穿越大片灌溉的農田。

三位正在田間耕作的農夫吸引了沙魯·納達的目光。他們的長相異常熟悉，這簡直令人難以置信。一個人四十年未曾踏足這片土地，竟然在四十年後見到了當年的那群人依舊在耕種。然而，他內心深處有一個聲音告訴他，這些人確實就是當年的那一群。其中一人幾乎無法握住犁把，另外兩人則艱難地跟在牛後，徒勞地用棍子抽打耕牛，試圖迫使它拉著犁向前。

四十年前，他對這些農夫充滿了無限的羨慕。他曾多麼渴望能與他們互換身分，體驗他們的生活。然而，如今他們的境遇已經截然不同。他驕傲地回頭望著那浩浩蕩蕩、絡繹不絕的商隊，精心挑選的駱駝和驢子駄著從大馬士革帶回的珍貴貨物，滿載而歸。而這些，僅僅只是他財富的一小部分。

　　沙魯‧納達指向那些農夫，對哈丹‧古拉說：「這些人和40年前一樣，仍然在這片土地上耕作。」

　　「他們看起來都差不多，你怎麼能確定他們就是以前那些人？」哈丹‧古拉疑惑地質疑他。

　　「我曾在此地見過他們。」沙魯‧納達答道。

　　他回憶起過去，腦海中的那些場景逐一浮現。

　　為何不將過去塵封，專注於當下呢？他彷彿看到阿拉德‧古拉的笑容浮現在眼前。瞬息之間，他與這位憤世嫉俗的年輕人之間的隔閡蕩然無存。

　　然而，他究竟該如何幫助這位滿身珠光寶氣、揮霍無度的富家子弟呢？他可以為那些渴望工作的人提供大量機會，但對於那些自命不凡的人，他卻不知該如何安排。而他對阿拉德‧古拉的情誼深重，必須全心全意地回報。他和阿拉德‧古拉都不會以那種方式行事，他們都不是那種忘恩負義的人。

第十章　巴比倫的幸運之人

一個計劃忽然在他心中閃現，但他很快就對此產生了懷疑。他必須顧及家庭和社會地位，這個計劃可能會帶來傷害。然而，作為一個果斷之人，他迅速排除異議，決定展開這個計劃。

「你是否有興趣聽聽關於你祖父和我的故事？想了解我們是如何相識，並且開始合作從事一些賺錢的生意的嗎？」他問哈丹・古拉。

「你們為什麼不直截了當地告訴我你們的賺錢方式？這才是我真正想了解的。」年輕人不耐煩地轉移了話題。

沙魯・納達並未理會他人，自顧自地繼續陳述：「我們從那些農夫開始說起吧。那時，我的年紀與你現在相仿，甚至還要年輕些許。我站在人群中，隨著隊伍前進。農夫梅基多嘲笑那些農夫們粗糙的耕作方法，他與我並肩而立，緊靠著我。『看這些懶惰的傢伙們。』他抱怨道，『他們這樣握犁，根本無法深耕土地，這些趕牛的人也無法讓牛沿著犁溝前行。土地耕得這麼糟，他們怎麼能期待有好收成呢？』」

「你的意思是，梅基多用鐵鏈將你和他鎖在一起？」哈丹・古拉驚訝地問道。

「是的，我們的脖子上都套著銅環，一條沉重的長鐵鏈連接著我們，把我們鎖在一起。在我旁邊的是扎巴多，他是一

名偷羊賊，我是在哈容遇見他的。隊伍的末尾有個人我們稱他為海盜，他曾經說過這不是他的真名。我們猜測他是個水手，因為他的胸口有一個盤蛇紋身，這種紋身在水手中間很常見，算是他們的特徵。每四個人一列，用鐵鏈鎖在一起前進。」

「你是被當作奴隸囚禁的？」哈丹・古拉難以置信地問道。

「你祖父沒有告訴過你，我曾經是個奴隸嗎？」

「他常常提到你，然而從未談及此事，絲毫未提。」

「他是一個可靠的人，能守護別人內心最深處的祕密。你也一樣，是我可以信賴的人，對吧？」沙魯・納達凝視著哈丹・古拉。

「我必定會守口如瓶，你可以信任我。然而，我確實感到非常震驚。能否告訴我，你是如何淪為奴隸的？」

沙魯・納達聳了聳肩，說：「每個人終究會意識到自己原來就是個奴隸。賭場和啤酒是我陷入這場災難的原因。我哥哥的魯莽行為讓我深陷困境，他在一次打鬥中意外殺死了朋友，為了掩蓋他的罪行，避免進監獄，我被父親抵押給死者的遺孀。然而，我父親始終無法湊足贖回我的銀子，憤怒的寡婦便將我賣給了奴隸販子。」

「這真是太過分了！對你太不公正了！」哈丹・古拉義憤

第十章　巴比倫的幸運之人

填膺地說道,「請告訴我,你是如何再次獲得自由的?」

「我會告訴你的,但不是現在。先讓我繼續講述剛才的事情。當我們經過那些農夫時,他們開始嘲笑我們。其中一人摘下他那破舊的帽子,彎腰向我們行禮,高聲喊道:『國王尊貴的客人,歡迎你們來到巴比倫。國王正在城牆上等候你們,盛宴已經準備好了,爛磚塊和洋蔥湯正等著你們呢!』說完還爆發出一陣刺耳的鬨笑。」

「海盜憤怒地大聲咒罵他們。『他們說國王在城牆上迎接我們,這究竟是什麼意思?』我向他詢問。」

「『到城牆那裡是去搬磚的,搬到你折斷腰為止。不過說不定在你的腰折斷之前,他們就把你打死了。我是不會讓他們打我的,他們要是膽敢打我,我就殺了他們。』海盜餘怒未平,氣呼呼地回答我。」

「梅基多表示:『我認為,奴隸主不會無緣無故地處死那些願意賣力工作的奴隸,因為主人們通常偏愛勤勞的奴隸,且對他們也相對友善。』」

「『誰願意賣力工作啊?』扎巴多不屑地說,『那些耕田的農夫才是真正的智者,他們不會累壞自己的腰背,他們只是做做樣子,讓人以為他們在拚命工作。』」

「『工作不可偷懶。』梅基多不同意扎巴多的看法,『如果

你耕作了一公頃地，主人會知道你這一天的工作非常出色，但若你只耕了半公頃，那便是偷懶。我絕不偷懶，我熱愛工作，並且願意把工作做好，工作是我最好的夥伴。我擁有的一切美好事物都是透過辛勤工作獲得的，我的農田，我的牛，還有我的莊稼，全都是如此。』」

「『沒錯沒錯，可是這些東西現如今在哪裡呢？』扎巴多嘲弄道，『最好還是聰明點，別那麼拚命工作更明智。看看聰明的扎巴多吧，如果我們被送到城牆上，他會選擇搬水這類輕鬆的工作，而你們這些熱愛工作的人則會搬磚累斷你們的腰。』他傻笑著說。」

「整個夜晚恐懼如影隨形，我輾轉反側難以入眠。待其他人熟睡後，我悄悄起身，緩緩移向警戒線，設法吸引了第一班守衛戈多索的注意。這名曾經的阿拉伯強盜，不僅搶劫財物，還會割喉殘殺。」

「『戈多索，請告訴我，』我低聲懇求他，『當我們抵達巴比倫後，是否會被賣去城牆那邊搬磚？』」

「『你為何這樣問？』他小心翼翼地詢問我。」

「『你難道不懂嗎？』我接著懇求他，『我還年輕，我想要活下去。我不想被賣到城牆上做最辛苦的工作，最後還被打死。我有沒有可能遇到一位好主人呢？』」

第十章　巴比倫的幸運之人

「他以善意的低語回應我:『我告訴你吧。你表現還不錯，沒有給我添麻煩。大多數情況下，我們會先去奴隸市場。聽著，當買家來的時候，告訴他們你勤勞能幹，樂於為好主人賣力工作，這樣他們會對你產生興趣，願意購買你。如果你沒有被買走，第二天你就會被派去搬磚，那將是極其辛苦的工作。』」

「他走後，我躺在溫暖的沙灘上，凝視著滿天繁星，思索著工作的問題。梅基多說工作是他最親密的夥伴，這讓我開始想，工作能否也成為我最親密的夥伴呢？當然可以，只要它能幫我擺脫目前的困境。」

「當梅基多甦醒時，我告訴他這個好消息。這消息是我費心打聽來的，在通往巴比倫的途中，它成為了我的希望之光。到了下午，我們已經接近巴比倫城牆，能見到一隊隊的勞工如同黑色的螞蟻般，在陡峭的坡道上攀爬。再走近一些，我們驚訝地看到竟有數千人在城牆附近辛勤工作。有些人在挖掘護城河，還有些人在將沙土混合進泥磚中。最多的人則用大籃子裝滿磚塊，沿著陡峭的道路運上城牆，交給那些泥瓦匠。」

「監工們對那些落後的人破口大罵，像對待牲畜一樣，用皮鞭無情地抽打他們乾裂的背部。那些衣衫襤褸的可憐人步履蹣跚，背上的磚籃重重壓迫著他們，使其再也無力站起。

如果皮鞭無法強迫他們站起,他們便會被拖到路邊,在地上痛苦地翻滾嚎叫。不久,他們便會悲慘地死去,屍體被扔到一堆同樣命運的屍體中,等待被隨意挖個坑埋葬。我目睹這可怕的情景,渾身顫抖。若我在奴隸市場上不能成功找到一個好買家,賣給一個好主人,那麼我的結局將與那些人同樣悲慘。」

「戈多索的預言果然應驗了。我們進城後,立刻被投入奴隸監獄。次日清晨,我們被押送到市場,用圍欄圈起。其他人都驚恐地擠在一起,唯有守衛的皮鞭才能驅使他們動起來,供買家檢視。我與梅基多則抓住每個機會,熱切地向那些允許我們接近的買家介紹自己。」

「奴隸販子帶來了國王衛隊的士兵,他們給海盜戴上鐐銬要帶他走,海盜拚命反抗,被他們狠狠打了一頓。當他被帶走的時候,我為他感到很難過。」

「梅基多感覺到我們即將分離。當沒有人在我們周圍時,他鄭重地告訴我,未來的工作對我有多重要,他竭力讓我銘記:『有些人厭惡工作,視之為敵。但最好把它當成朋友,讓自己熱愛工作。不要在意工作有多艱難。試想,如果你能為自己建造一座漂亮的大房子,又怎會在意房梁的重量、從井裡取水和泥灰的距離呢?答應我,孩子,如果你找到了一個好主人,就盡你所能地為他工作。如果他對你的辛勞視若無

第十章　巴比倫的幸運之人

睹，也不要放在心上。記住，努力工作，為那些值得的人工作。這會讓你成為一個更好的人。』這時，一個強壯的農場主走到圍欄邊，仔細打量我們，梅基多便停了下來，不再說話。」

「梅基多詢問他的田地和作物狀況，表達他能對其有所幫助，迅速說服農場主購買自己。經過一番激烈的討價還價後，農場主從腰帶上取下鼓鼓的錢袋，支付給了奴隸販子。梅基多隨著新主人離開，很快就消失在我的視線中。」

「整個上午，僅有少數幾名奴隸被買走。到了下午，戈多索悄聲告訴我，奴隸販子已經失去耐心，一個晚上都不願意多待，日落時他將會把剩下的奴隸全數賣給國王派來的人。我感到極度絕望，這時，一個胖胖的但看上去很和善的人走到圍欄邊，詢問我們當中是否有麵包師。」

「我擠到他身旁，對他說：『像你這麼優秀的麵包師，為什麼要來這種粗鄙的地方找一個技藝不如你的人呢？為什麼不將你的精湛技術傳授給一個願意學習烘焙的人呢？比如我。這樣不是更明智且更容易嗎？看看我，我年輕力壯，勤奮好學。給我一個機會吧，我會全力以赴為你賺錢，讓你的錢袋充滿金銀。』」

「我的強烈願望打動了他，他便開始與奴隸販子討價還價。那個奴隸販子自從買下我後就從未正眼看過我，然而此

刻卻開始滔滔不絕地向麵包師推銷我，誇耀我能力出眾、身體強壯，性格又好。我彷彿成了一頭即將被賣給屠夫的肥牛。讓我欣喜若狂的是，這筆交易最終成交了。我隨著新主人離開，心裡感到自己是巴比倫最幸運的人。」

「我對新居感到非常滿意，並且非常喜愛這裡。我的主人納納內德教會了我如何使用庭院中的石臼碾碎麥粒，如何在烤爐中燃起旺火，還有如何研磨出極細的芝麻粉來製作蜂蜜蛋糕。他還在他的穀倉裡為我安排了一張床。老奴隸斯瓦斯蒂作為他的管家，為我提供了豐盛的餐食，並且對我能在一些繁重的工作上分擔她的負擔感到非常高興。」

「這是我期待已久的機會，能讓我向主人展現我的能力和價值，我也期望能藉此重獲自由。」

「我向納納內德請教麵糰的製作方法以及如何將其烘焙成美味的麵包。他看到我如此勤奮好學，非常高興，便欣然教授我。不久之後，我便能獨立完成這些工作。隨後，我又向他請教如何製作蜂蜜蛋糕，他同樣樂於傳授，很快我便掌握了所有的烘焙技術。我的主人因此樂得清閒，但斯瓦斯蒂卻搖頭對他表示失望。『無所事事對人來說可不是件好事。』她斷言。」

「很快我便察覺到，該設法賺錢來贖回自己的自由了。午間的烘焙工作結束後，我開始思索這個問題，心想若能在下

第十章　巴比倫的幸運之人

午另尋賺錢的途徑，然後將所得與主人分享，納納內德應該不會反對。隨後，我又想到一個好主意，何不多做些蜂蜜蛋糕，然後拿到大街上，賣給那些飢餓的人呢？」

「我制定了一個計劃，呈交給納納內德，並嘗試向他解釋：『如果我能在每天完成為您賺錢的工作後，利用下午時間再做一些自己的事情來賺錢，賺到的錢與您分享，同時我也能有錢購買一些自己想要和需要的東西。您認為這樣公平嗎？』」

「『這樣很公平，真是個好主意。』納納內德點了點頭表示同意。當我告訴他我打算沿街兜售蜂蜜蛋糕時，他顯得非常滿意。『我們應該這麼做，』他還建議，『你可以以一塊錢兩個的價格出售這些蛋糕，半塊錢用來支付我購買麵粉、蜂蜜和柴火的成本，剩下的半塊錢我們平分，我拿一半，你拿另一半。』」

「我非常感激納納內德如此慷慨，允許我保留全部收入的四分之一。那晚我工作到深夜，製作了一個盛放蛋糕的大盤子。納納內德給了我他的一件舊袍子，讓我顯得體面一些，斯瓦斯蒂幫我修補了衣服上的破洞，並將衣服洗得乾乾淨淨。」

「次日，我特意多烤了一些蜂蜜蛋糕。它們整齊地排列在大盤子上，散發出誘人的焦褐色光澤。我帶著這些蛋糕穿梭

於街巷之間，沿途高聲叫賣。起初，對這些蜂蜜蛋糕感興趣的人寥寥無幾，這讓我感到十分沮喪。然而，我依然堅持不懈地兜售，到了下午晚些時候，人們開始感到飢餓，便紛紛購買我的蛋糕，不久盤子便被搶購一空。」

「我的首次商業交易圓滿結束，納納內德非常滿意，欣然將我應得的報酬交給我。終於擁有了屬於自己的金錢，我感到無比愉悅。梅基多的話果然沒錯，主人會欣賞那些為他竭盡全力工作的奴隸。那天夜裡，我因興奮而難以入眠，為自己的成功感到無比喜悅，心中不停計算著這樣下去一年能賺多少錢，以及需要多少年才能贖回自己的自由。」

「我每天都端著一大盤蛋糕上街販賣，迅速吸引了一群固定的顧客。當中有一位，正是你的祖父阿拉德·古拉。他是一名地毯商人，每天從城市的一端走到另一端，將地毯賣給家庭主婦。他有一頭驢子，地毯堆在驢子的背上高高的，還有一名黑奴幫他看管驢子和貨物。他每次都為自己買兩個蛋糕，為黑奴也買兩個，吃蛋糕時他總會停下腳步，留在旁邊與我閒聊。」

「有一天，你的祖父對我說了一些話，我將終身銘記。他說：『我喜歡你的蛋糕，孩子，但我更欣賞你在賣蛋糕時展現的強烈上進心。這種精神將使你在成功的道路上走得更遠。』」

第十章　巴比倫的幸運之人

「然而,哈丹·古拉,你或許無法體會這些話對我來說有多麼巨大的鼓舞。那時的我僅僅是一名小奴隸,孤苦伶仃地在這座大城市中求生,為了擺脫屈辱的命運而拚命掙扎。」

「數月流逝,我的錢袋已經積存了一些資金,沉甸甸地掛在腰間,讓我倍感滿足。梅基多的話果然不假,工作確實能成為我的良友,他的預言完全應驗了。我心中充滿喜悅,然而斯瓦斯蒂卻顯得憂心忡忡。」

「『我很擔心,你的主人在賭場裡花了過多的時間。』她對我說。」

「某日,我在街頭偶遇了故友梅基多,心中不禁歡喜萬分。他正驅趕著三頭馱著蔬菜的驢子前往市集。『我的工作表現非常優異,』他說,『主人對我的工作讚賞有加,現如今我已晉升為工頭。看吧,他充分信任我,讓我負責將這些蔬菜送到市場銷售,甚至還派人將我的家人接來與我團聚。這份工作幫我擺脫了困境,總有一天它也會讓我重獲自由,再次擁有一片屬於自己的田地。』」

「日子一天天流逝,主人納納內德也愈加盼望我能早些賣完蛋糕回家。他焦急地等待我歸來,急切地盤點當天賣蛋糕所得的錢,然後和我分帳,拿走屬於他的一部分。他還催促我尋找更大的市場,以便多賣一些蜂蜜蛋糕。」

「我時常不得不走出城門,向那些監督奴隸修築城牆的

工頭兜售我的蛋糕。儘管我厭惡回到這裡，面對這些恐怖而令人厭煩的景象，但這些工頭購買蛋糕時十分慷慨，我無法放棄這個擴展生意的良機。某天，我驚訝地在搬磚的奴隸隊伍中認出了扎巴多，他已經瘦得不成樣子，腰彎得厲害，背上布滿了工頭鞭打的痕跡。看到他，我感到無比悲傷，便遞給他一塊蛋糕。他像一頭飢餓的野獸般，立刻將蛋糕塞入口中。在他那雙眼睛中流露出的渴望使我不安，在他試圖搶走我的盤子之前，我迅速逃開了。」

「『你為什麼要這麼辛苦地工作？』有一天，你的祖父阿拉德·古拉這麼問我。你還記得吧？這就像你今天問我的問題一樣。我向他講述了梅基多對我說的那些關於工作的話，並且描述了我是如何證明工作是我的良伴。我自豪地展示了我裝滿錢幣的袋子，並解釋我將如何用這些積蓄贖回我的自由。」

「『當你恢復自由之身，你有什麼打算？』他向我詢問。」

「我答道：『我希望成為一名商人。』」

「此刻，他對我充滿信任，向我吐露了心聲，這些話讓我大感意外。『你可能不知道，其實我也是個奴隸，我正在與我的主人合作做生意。』」

「且慢！」哈丹·古拉喊道，「我不願聽到這些中傷我祖父

第十章　巴比倫的幸運之人

的謊言！他絕非奴隸！」他的眼中燃燒著怒火。

沙魯·納達依然鎮定地說：「我很尊敬你的祖父，他從逆境中崛起，成為大馬士革首屈一指的成功人士。作為他的孫子，你難道不應該效仿他嗎？你是否有足夠的勇氣面對現實？還是你寧願永遠活在虛偽的幻象中？」

哈丹·古拉騎在馬上，挺直身軀，壓抑著內心的激動，答道：「我的祖父深受眾人愛戴。他的善行多不勝數。在大饑荒的時候，不正是他用自己的金子從埃及購買了大量糧食，運回大馬士革，分發給那些災民，才使得沒有人因饑荒而餓死嗎？現在你竟然說他只是巴比倫一個遭人鄙夷的卑賤奴隸！」

「倘若他滯留巴比倫為奴，他或許會永遠被人輕視。然而，當他透過自身的不懈奮鬥，成為大馬士革的傑出人物時，諸神已赦免了他的厄運，抹去了他的不幸，並賜予他榮耀，使他成為眾人矚目的焦點。」沙魯·納達答道。

「在告訴我他是奴隸之後，」沙魯·納達繼續說道，「阿拉德·古拉向我訴說了他多麼渴望贖回自由。現在他已經存夠了錢來贖身，但他不知該如何行動，這個想法困擾著他，使他不再積極經營生意，也害怕失去主人的庇護。」

「我對他在這件事上的優柔寡斷表示反對，對他說：『不要再依賴你的主人了。重新找回自由人的感覺吧！像自由人

一樣行動,最終你會成功的。思考你最渴望達到的目標是什麼,努力工作,它會幫助你實現目標!』他感到很驚訝,但隨即對我說,他很高興我直接指責他的怯懦,然後他就離開了。」

「某天,我再次前往城門外向監工們兜售蛋糕。驚訝地發現那裡聚集了一大群人。我詢問其中一人發生了何事,他回應道:『你沒聽說嗎?一個逃跑的奴隸殺死了國王的侍衛,被抓回來判了死刑,今天將受鞭刑處死。國王也會親自到場。』」

「行刑柱周圍擠滿了人群,我不敢靠近,擔心擁擠的人潮會打翻我手中的蜂蜜蛋糕盤。因此,我選擇爬上尚未完工的城牆,從上方俯瞰。我很幸運,找到了一個絕佳的觀察點,看到了尼布甲尼撒二世乘坐他的黃金戰車,前呼後擁地從王宮來到行刑場。我從未見過如此壯觀的場面,如此精美的服飾,也未曾見過這麼華麗的金色天鵝絨帷幔。」

「我無法目睹鞭刑的場面,但那可憐奴隸的慘叫聲卻清晰可聞。我不禁疑惑,如此高貴英武的國王怎能容忍這等慘狀。然而,當我見到他與周圍的貴族們大笑著取笑時,才恍然大悟,原來他竟是如此冷酷無情,並理解了他為何會毫不憐憫地命令奴隸們修築城牆。」

「那名奴隸遭到處決後,他的屍體被綁住,一條腿倒吊在

第十章　巴比倫的幸運之人

柱子上展示。等到人群逐漸散去，我才得以靠近查看。我看到那具屍體毛茸茸的胸膛上有一個紋身，是兩條盤繞在一起的蛇。我悲痛地認出那個人，他曾是個海盜。」

「當我再次見到阿拉德・古拉時，他已經徹底改變。他充滿感激地對我說：『看吧，你曾認識的那個奴隸如今已經成為自由人。你的話語真是充滿魔力。我的生意蒸蒸日上，利潤也日益增多，我的妻子非常高興。她現在也是自由民，並且是我主人的姪女。她非常希望我們能去一個完全陌生的城市發展，在那裡沒有人知道我曾是奴隸。這樣，我們的孩子就不會因為父親曾經的不幸遭遇而受到他人的歧視和責難。工作已經成為我最好的夥伴。它讓我重拾信心，也讓我重新掌握了做生意的技巧。』」

「能夠以這樣微小的方式回報你祖父曾經給予我的鼓勵，我感到非常欣慰。」

「某日黃昏，斯瓦斯蒂帶著滿腔痛苦來找我，她告訴我：『你的主人遇到麻煩了。我非常擔心他。數月前他在賭場輸掉了一大筆資金。購買糧食和蜂蜜的款項他尚未支付給農夫，也沒有錢償還那些債主，他們非常憤怒，不斷威脅恐嚇主人。』」

「『我們為何要為他的愚蠢行為操心呢？我們又不是他的監護人。』我毫不猶豫地回應她。」

「『你這愚蠢的年輕人！你完全不理解！他是以你作為擔保，向放債人借錢的。根據法律，他對你擁有所有權，可以隨時將你賣給別人。我真不知道該怎麼辦。他是一個好主人。但是為什麼？唉，為什麼他會陷入這樣的困境？』」

「斯瓦斯蒂的擔心確實有其根據，並非毫無來由。果不其然，第二天早晨，我正在烤麵包時，放債人帶著一個名叫薩西的人來到。他仔細打量了我一番，隨後表示願意買下我。」

「放債人未曾等待我主人歸來，只是讓斯瓦斯蒂轉告主人他已將我帶走。我僅披著一件袍子，腰間掛著錢袋，麵包尚未烤好，便被匆忙帶走。」

「就這樣，我最深切的希望被無情地捲走。宛如一棵樹被暴風從森林裡連根拔起，扔進波濤洶湧的大海裡。再一次，我被賭場和啤酒害慘了。」

「薩西是一個既遲鈍又冷漠的人。當他帶著我穿過城市時，我告訴他我曾經為納納內德出色地工作，希望也能繼續為他效力。他毫無讚賞之意，用冷冰冰的語氣回應道：

「『我對這份工作毫無興趣，我的主人也是如此。國王命令他派遣我去修建一段大運河。主人讓我來購買一些奴隸，拚命工作，迅速完成運河建設。呸，誰能這麼快完成這麼大的工程？』」

177

第十章　巴比倫的幸運之人

「試著勾勒這樣一個場景：無邊無際的沙漠中，沒有一棵樹木，僅有矮小的灌木叢。烈日無情地烤炙著，桶中的水被晒得滾燙，根本無法飲用。接著再想像：一隊隊奴隸走進深深的壕溝，拖著裝滿泥土的籃子，沿著布滿灰塵的小路艱難前行，從黎明到黃昏不停地勞作。再想像一下，食物堆在敞開的食槽中，我們如同豬一般進食這些東西。我們沒有帳篷，也沒有稻草鋪床。這便是我當前的悲慘境地。我設法將我的錢袋埋藏起來，並做了標記，希望未來某一天能重新挖出來，派上用場。」

「起初，我懷著無限美好的期盼投入工作，但隨著日子的推移，我感覺精神即將崩潰。隨之而來的，是身體的疲憊和發燒，食慾全無，完全無法進食一點羊肉和蔬菜。到了夜晚，我根本無法入眠。」

「在極度痛苦中，我開始思考，扎巴多透過偷懶逃避工作，避免了因辛苦勞動而磨破脊背，這樣的選擇是否才是最明智的？然而，我很快想起了最後一次見到他時那可憐的模樣，便明白這並非良策。」

「我憶起了海盜所經歷的折磨，心中萌生了與他一樣奮起反抗、消滅那些奴役自己者的念頭。然而，他那血淋淋的遺體警示我，這條路同樣行不通。」

「隨後，我回憶起與梅基多最後一次相見的場景。由於長

期辛勤工作,他的雙手布滿了堅硬的老繭,但他的心情卻顯得格外輕鬆,臉上充滿了幸福的光輝。他的方法才是最好的。」

「儘管我和梅基多一樣熱愛工作,他的努力並不比我多,但為什麼我的工作無法帶來幸福和成功?是工作讓梅基多感到幸福,還是這些幸福和成功只是受到了神靈的眷顧?我的後半生難道要這樣無欲無求地辛勤工作,卻得不到一絲幸福與成功嗎?所有這些問題在我腦海中盤旋,找不到任何答案。事實上,我深陷困惑之中,內心充滿糾結。」

「數天後,我的耐心即將耗盡,問題依舊無解。此時薩西派人召喚我,告知我的主人派信使來接我回巴比倫。於是我取出錢袋,穿上破舊袍子,隨信使啟程。」

「騎在馬上,那些思緒依舊如颶風般,在我發燙混沌的腦海中四處肆虐。我當下的生活,宛如一首在故鄉傳唱的怪異歌謠:

被漩渦包圍打轉,

被風暴席捲驅趕,

他的方向無人能追隨,

他的命運無人能預測。

「難道我命中注定要終身承受這般懲罰,而不知其原因?還有什麼樣的煎熬和失望在未來的日子裡伺候著我?我被失

第十章　巴比倫的幸運之人

落和糾結包圍，痛苦萬分。」

「當我們步入主人家的庭院時，我意外地發現阿拉德·古拉正候著我。想想我有多驚訝！他協助我下馬，像對待多年未見的兄弟般，熱情地擁抱著我。」

「我們共同前行時，我謙卑地跟隨在他身後，如同僕從隨侍其主。然而，他不允許我這樣做，展開雙臂擁抱我，並說道：『我四處尋找你的蹤跡，卻始終未果。就在我幾乎放棄希望之際，我遇見了斯瓦斯蒂，她告訴我關於放債人的事情。我隨即去找放債人，他指引我去找你的貴族主人。我費盡艱辛，終於與你的主人達成協議，以一個極高的價錢將你贖回，儘管這個價碼並不合理，但我知道你值得這個價值！是你的人生信念和進取心激勵了我，讓我重獲成功。』」

「『那是梅基多的生活準則，不是我的。』我插話道。」

「『這既是梅基多的功勞，也是你的。我得感謝你們兩位。』他大聲宣布，『我們即將前往大馬士革，我需要你成為我的生意夥伴。』接著，他說，『從此刻起，你便是自由之身了！』隨後，他從袍子內取出那塊刻有我名字、象徵我奴隸身分的泥板，高舉過頭頂，然後猛地摔向地面。泥板在堅硬的石頭上碎裂成無數細小的碎片，他興奮地在上面踩踏，直至它們變成粉末。」

「感激的淚水盈滿我的雙眼，我深知自己是巴比倫最幸運之人。」

「由此可見，事實證明，在我最艱難的時期，工作成為了我最可靠的伴侶。我對工作的強烈渴望，使我得以逃脫被賣去修築城牆成為奴隸的命運。這也讓你的祖父注意到我，並選擇我成為他的生意夥伴。」

哈丹・古拉詢問：「我祖父賺錢的祕訣是否在於勤奮工作？」

「自我初識他起，這便是他唯一的訣竅。」沙魯・納達回應道，「你的祖父熱愛工作，諸神讚賞他的勤奮努力，也賜予他公平的回報。」

「我似乎開始理解了。」哈丹・古拉若有所思地說，「工作吸引了許多朋友圍繞在他身邊，他們羨慕他的財產，讚賞工作帶給他的成就。工作給我的祖父帶來了榮耀，使他在大馬士革廣受尊敬，他非常享受這一切。工作為他帶來了一切，而我卻認為只有奴隸才該工作。」

「生活中充滿了無數的樂趣，我們應該盡情享受。」沙魯・納達說，「每一種樂趣都有其存在的意義。我慶幸工作並非僅為奴隸而設，若果真如此，我將失去最大的快樂。我熱愛很多事物，但沒有任何一樣能取代工作在我心中的地位。」

第十章　巴比倫的幸運之人

在高聳城牆的陰影下，沙魯‧納達與哈丹‧古拉騎馬朝巴比倫宏偉的青銅城門行進。抵達城門時，守衛立刻起身，恭敬地向這位榮譽市民致意。沙魯‧納達昂首挺胸，率領他的商隊穿過城門，沿著城內的街道前行。

「我一直渴望成為像我祖父那樣的人。」哈丹‧古拉對沙魯‧納達說，「過去，我完全不理解他究竟是怎樣的一個人。如今，你向我揭示了這些，讓我明白了他的偉大之處，並更加敬佩他，從而更加堅定了我要成為像他那樣的人的決心。你告訴了我他成功的祕訣，我深感無以為報。從今日起，我將遵循這些祕訣去做。我會像他一樣，從最卑微的事情做起，這比珠寶和華服更符合我真正的身分。」

話音剛落，哈丹‧古拉便將耳朵上的珠寶首飾和手指上的戒指一一摘下。他勒住馬匹，退後幾步，懷著極大的敬意跟隨在商隊領袖的身後，堅定地邁步前行。

第十一章　巴比倫歷史概覽

第十一章　巴比倫歷史概覽

巴比倫雖不復昔日榮耀，然其智慧長存於世。

在歷史的長河中，沒有一座城市能比巴比倫更引人入勝。提到巴比倫，人們腦海中便會浮現出一幅繁榮富饒、華麗壯觀的景象。巴比倫的黃金和珠寶多得令人難以置信。人們自然會認為，如此富饒的城市必定位於氣候宜人的熱帶地區，周圍擁有豐富的森林和礦藏資源。然而，事實並非如此。巴比倫坐落在幼發拉底河畔一片貧瘠乾旱的山谷中，既沒有森林，也沒有礦藏，甚至連建築用的石材都缺乏。它也不位於任何天然的貿易路線上。每年的降雨量也不足以滿足農作物的生長需求。

巴比倫堪稱人類運用智慧與才能達成卓越成就的典範，他們充分利用各種手段和資源以實現他們的目標。維持這座大城市運作的所有資源皆由人類開發和建造，其所有的財富亦由人類創造。

巴比倫僅擁有兩種天然資源——肥沃的土壤和川流不息的河水。作為人類歷史上最偉大的工程壯舉之一，巴比倫的工程師們利用堤壩和宏大的灌溉運河來分流河水，將生命之源從遠處引入這片乾旱的河谷，使土地得以灌溉並變得肥沃。這是世界上最先進的水利工程之一，在歷史上享有盛名。豐饒的作物是這套灌溉系統帶給巴比倫人的回報，這也是世界上首次出現的壯舉。

幸運的是，在其漫長的存續過程中，巴比倫雖經歷了數代君主的持續統治，其間卻只偶爾遭受外敵侵占或掠奪。它也曾經歷戰爭，但大多數都是本國內部戰爭，或者是為抵抗那些覬覦巴比倫豐厚財富的外來侵略者所進行的防禦戰。巴比倫偉大的統治者們因他們的智慧、雄心和公正而名垂青史。巴比倫歷史上從來沒有出現過企圖以武力征服世界、令所有國家都臣服於他的那種剛愎自負、窮兵黷武的君主。

曾經輝煌的巴比倫，如今已成為歷史的遺跡。隨著那些耗費數千年心血來建設和維持這座城市的人們逐漸消失，巴比倫也漸漸淪為無人問津的廢墟。巴比倫城的遺址位於亞洲，距離蘇伊士運河以東 600 英里，靠近波斯灣北部。這座城市坐落在北緯 30 度左右，與美國亞利桑那州的尤馬市緯度相當，氣候也極為相似，炎熱且乾燥。

幼發拉底河畔的這片山谷，曾經是一個人口密集的灌溉農業區，但如今已經變成狂風肆虐的荒漠。稀疏的荒草和矮小的灌木與風攜帶的沙粒爭奪生存空間。消失的是肥沃的土壤、繁華的城市和滿載貨物的長長商隊。唯一仍在這片土地上生活的，是靠養幾頭牛羊勉強度日的遊牧阿拉伯人。這種情況大約在西元初年就已經開始。

山谷中零星分布著一些土丘。數個世紀以來，旅行者們對它們不屑一顧，認為毫無價值。直到暴雨沖刷出一些陶器

第十一章　巴比倫歷史概覽

和磚塊的碎片,這才引起了考古學家的興趣。在歐洲和美國博物館的資助下,考古隊來到這裡,試圖進行發掘,看看能發現什麼。挖掘和清理工作迅速證明這些土丘是古代城市的遺址。也許它們更應該被稱作「城市的墳墓」。

巴比倫正是這些遺址之一。兩千年來,風吹動沙漠塵土,揭示了由磚塊構成的城牆,這些城牆早已崩塌,化作泥土與塵埃。這座曾經繁榮的城市,如今只剩下一堆廢墟,長久被遺棄,活著的人甚至不知其名。直到考古學家們謹慎地清理覆蓋在街道上的積塵,露出從皇家神廟和宮殿跌落的瓦礫碎片,這個失落的城市才重新被人們發現。

許多科學家認為,巴比倫城及其所在山谷中的其他城市文明,是有明確史料記載的最古老文明。經過證實的具體時間可追溯至 8000 年前。值得一提的是,這證明了年分標定方法的巧妙。考古學家在巴比倫的遺址中發現了一次日食的詳細記錄,現代天文學家可以根據這些記錄輕鬆計算出巴比倫觀測這次日食的確切時間,從而確立古巴比倫曆法與現代通用曆法之間的關係。

透過這種方式,我們可以證實,8000 年前居住在巴比倫的蘇美人生活在有城牆隔離的獨立城市中。也可以由此推算,在此前的許多世紀裡,這樣的城市已經存在。生活在其中的居民不僅僅是受到城牆保護的野蠻人,他們都受過教

育，具備一定的知識。在有明文記載的歷史中，他們是第一批工程師，第一批天文學家，第一批數學家，第一批經濟學家，也是第一批有書寫文字的人類。

早前提及過的巴比倫灌溉系統，將貧瘠的山谷轉化為農業樂土。雖然這些運河隨著時間推移被沙土填滿，遺跡仍可見。當河床乾涸時，有些運河寬達可讓 12 匹馬並排奔馳，其規模堪比美國科羅拉多州和猶他州的最大運河。

除了灌溉山谷中的土地，巴比倫的工程師們還完成了另一項同等重要的任務。透過一個高度複雜的排水系統，他們將幼發拉底河和底格里斯河河口的大面積沼澤地轉變為可耕種的肥沃農田。

古希臘旅行家和歷史學家希羅多德曾在巴比倫城的全盛時期拜訪過這座城市，並為我們留下了唯一一份以外來者的視角描述巴比倫的記錄。他的著作生動而詳盡地描繪這個城市及當地人民的一些獨特風俗習慣。他還在書中提到那些肥沃的土地，並說種植在那裡的大麥和小麥都獲得了豐收。

巴比倫的榮耀雖已消逝，但其智慧卻世代流傳。巴比倫人記錄歷史的方式讓我們受益匪淺。在那古老的時代，紙張尚未問世。巴比倫人用溼泥板刻寫文字來代替紙張。書寫完成後，這些泥板經燒製變得堅硬。每塊泥板約為 6×8 英寸，厚度 1 英寸。

第十一章　巴比倫歷史概覽

　　這些被我們稱之為泥板的物品在古巴比倫人的日常生活中極為常見，猶如我們當今的書寫方式。人們在泥板上刻寫傳說、詩歌、歷史、王室法令、國家律法、財產所有權證書、契約書，甚至還包括書信，這些信件由信使送達遙遠的城市。從這些泥板上，我們還能窺見一些私人生活的細節。例如，一位鄉村店主在一塊泥板上詳細記錄了一位具體名稱的顧客在某一天以一頭牛換取了 7 袋小麥，其中 3 袋當場交付，剩餘 4 袋則等待顧客隨時來取。

　　在城市的廢墟中，這些泥板被妥善保存，考古學家發掘出的泥板多達成千上萬，幾乎足以重建多座圖書館。

　　巴比倫的偉大奇蹟之一乃是環繞城市的宏偉城牆。古人將其與埃及金字塔相提並論，並列入「世界七大奇觀」之一。據確認，塞米拉米斯王后在巴比倫城建立初期便修築了第一道城牆。現今的考古學家已無法找到最初城牆的任何痕跡，故其具體高度無從得知。根據一些古代作家的早期記錄，推測這些城牆大約高 50 至 60 英呎，城牆外側的磚塊已被火燒毀，並有一條深護城河作為屏障，進一步保護這座城市。

　　在更晚的時期，那波帕拉薩爾國王於西元前 6 世紀開始修建一座更為著名的城牆。由於這項重建工程規模過於宏大，那波帕拉薩爾國王未能親眼見證其完工。工程最終由他的兒子尼布甲尼撒二世完成，這位在《聖經》中有所提及的人

物，也因此廣為人知。

　　這座重建城牆的高度和長度有詳細記載。根據可靠研究顯示，城牆大約高達 160 英呎，相當於現代的一座 15 層辦公樓。其總長度估計在 9 至 11 英哩之間。城牆頂端的寬度足以讓一輛六馬戰車在上面奔馳。如此宏偉的建築，如今僅存遺跡，僅剩地基和護城河。除了自然侵蝕外，阿拉伯人取走城牆上的磚塊用於建造房屋，也導致了城牆的徹底毀壞。

　　在戰火連天的時期，每位征服者都會率領其所向披靡的軍隊，對巴比倫城牆發起一波波攻勢。大批敵軍圍困巴比倫，然而通常都是徒勞無功。當時，入侵軍隊的人數相當龐大。歷史學家指出，通常的配備為：1 萬名騎兵，2.5 萬輛戰車，1200 個步兵團，每個兵團 1000 人，通常需要兩到三年來沿途準備武器、軍需品和食物補給。

　　巴比倫城的組織結構已經與現代城市相當接近。城內街道和商店排列整齊。小販們在住宅區內販賣貨品。祭司在宏偉的神廟中執行職責。在城市中心，設有王室宮殿的禁地。據說那裡的宮牆比巴比倫的城牆還高。

　　巴比倫人擅長各種工藝，諸如雕塑、繪畫、編織、製作金飾和鑄造金屬武器及農具。他們的珠寶匠能創作出極為精美的珠寶飾品。許多首飾從古代富人的墓穴中出土，如今陳列在世界頂尖的博物館中，供人觀賞。

第十一章　巴比倫歷史概覽

在遠古時代，當世界其他地區的人們仍在用石斧砍伐樹木，用石製矛頭和箭矢進行狩獵和戰鬥時，巴比倫人已經採用金屬製造的斧頭、長矛和弓箭。

巴比倫人亦為精明的金融家及商人。眾所周知，他們率先創立了貨幣交易的概念，並且是契約書和財產所有權的先驅。

巴比倫從未被敵軍占領，直至西元前 540 年。即便在那時，它的城牆也從未被攻破。巴比倫淪陷的經過異乎尋常，甚至可謂離奇。當時最偉大的征服者波斯王居魯士大帝計劃進攻巴比倫，意圖攻下其堅固的防禦工事。謀士建議巴比倫國王那波尼德率軍迎擊，趁居魯士尚未開始圍城之前展開戰鬥。結果巴比倫軍隊慘敗，那波尼德因此棄城逃亡。居魯士大帝率軍穿過敞開的城門，未遭遇任何抵抗便接管了巴比倫。

隨後，巴比倫的權勢和名望慢慢減弱。數世紀後，它終究被遺棄，被人忘卻，留在原址任由風沙肆虐，昔日輝煌化為塵埃。巴比倫已經沒落，無復興之望，它的文明卻永垂不朽。

歲月的流轉將神廟的高牆化作砂礫，然而巴比倫人的智慧卻在這塵土中永垂不朽。